작가의 망명

Exile : Conversations with Pramoedya Ananta Toer
by Andre Vltchek and Rossie Indira

Copyright ⓒ 2006 by Pramoedya Ananta Toer c/o Anthony Arnove
First printed in North America by Haymarket Books
All rights reserved.

Korean translation copyright ⓒ 2011 by Humanitas Publishing Inc.
Korean translation rights arranged with Pramoedya Ananta Toer c/o Anthony Arnove through Best Literary & Rights Agency.

이 책의 한국어 판권은 베스트 에이전시를 통해 저작권자와 독점 계약한 후마니타스(주)에 있습니다.
저작권법에 의해 한국 내에서 보호를 받는 저작물이므로 무단 전재와 복제를 금합니다.

작가의 망명
인도네시아의 대문호 프라무댜 아난타 투르와의 대화

1판1쇄 | 2011년 10월 25일

지은이 | 안드레 블첵, 로시 인디라
옮긴이 | 여운경

펴낸이 | 박상훈
주간 | 정민용
편집장 | 안중철
책임편집 | 윤상훈
편집 | 이진실, 최미정
제작·영업 | 김재선, 박경춘

펴낸 곳 | 후마니타스(주)
등록 | 2002년 2월 19일 제300-2003-108호
주소 | 서울시 마포구 합정동 413-7번지 1층(121-883)
전화 | 편집_02.739.9929 제작·영업_02.722.9960 팩스_02.733.9910
홈페이지 | www.humanitasbook.co.kr

인쇄 | 현대문화사 031.901.7347
제본 | 일진제책 031.908.1407

값 11,500원

ISBN 978-89-6437-145-9 03900

이 도서의 국립중앙도서관 출판시도서목록(CIP)은 e-CIP홈페이지(http://www.nl.go.kr/ecip)와 국가자료공동목록시스템(http://www.nl.go.kr/kolisnet)에서 이용하실 수 있습니다(CIP제어번호: CIP2011004380).

인도네시아의 대문호
프라무댜 아난타 투르와의 대화

작가의
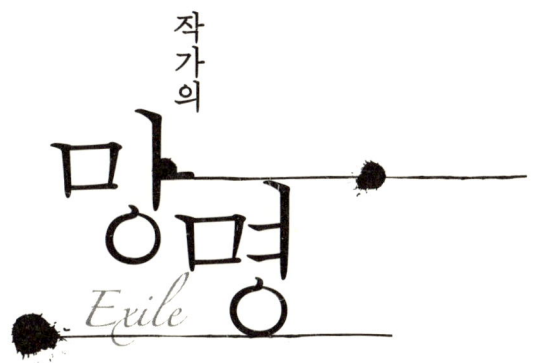
망명
Exile

안드레 블첵, 로시 인디라 지음 | 여운경 옮김

후마니타스

일러두기

1. 한글 전용을 원칙으로 했다. 고유명사의 우리말 표기는 국립국어원의 외래어 표기법을 따랐다. 그러나 관행적으로 굳어진 표기는 그대로 사용했으며, 필요한 경우 한자나 원어를 병기했다.
2. 본문의 대괄호([ ])와 각주 안의 내용은 옮긴이의 첨언이다. 단, 각 장의 뒤에 있던 주는 앞에 [원주]라고 표기하고 각주로 처리했다.
3. 단행본이나 정기간행물은 겹낫표(『 』), 논문이나 기고문, 단편 등은 큰따옴표(" "), 영화를 비롯한 작품명은 가랑이표(〈 〉)를 사용했다.
4. 원서의 인도네시아어 표기에서 구철자로 쓰인 곳은 신철자로 바꾸지 않았다.

차 례

서문 ___6
서론 ___17

서장 자카르타에서의 만남 ___44
1. 1965년 이전 : 역사, 식민주의, 수카르노 시기 ___58
2. 1965년 쿠데타 ___79
3. 문화와 '자바주의' ___99
4. 글쓰기 ___122
5. 수하르토 체제와 현재의 인도네시아 ___140
6. 미국의 개입 ___155
7. 화해? ___162
8. 혁명 : 인도네시아의 미래 ___166
9. 헤어지기에 앞서 ___176

옮긴이 후기 ___178
연보 및 주요 저작 ___201
참고문헌 ___204

서문

크리스 고길트*

안드레 블첵Andre Vltchek과 로시 인디라Rossie Indira는 프라무댜 아난타 투르Pramoedya Ananta Toer와 장시간에 걸쳐 나눈 대화를 통해, 인도네시아의 가장 저명한 소설가이자 (전 세계적으로 찬사를 받은) '부루 4부작'**의 저자이며 세계 문학계의 거장인 그의 목소리를 들려준다. 프람[일반적으로 프라무댜를 부르는 호칭]은 여기서 특유의 솔직한 표현으로 역사적·정치적·비인간적 억압에 맞서 온 자신의 경험과

---

* **크리스 고길트**Chris GoGwilt___ 미국 뉴욕의 포드햄 대학교 영문학·비교문학 교수이다. 프라무댜의 작품을 주제로 폭넓은 저술 활동을 했다. 저서로 『소설 속의 지정학』(GoGwilt 2000)이 있다.
** **'부루 4부작'**Buru Quartet___ 1권 『인간의 대지』(*Bumi Manusia*), 2권 『모든 민족의 자녀』(*Anak Semua Bangsa*), 3권 『발자취』(*Jejak Langkah*), 4권 『유리로 만든 집』(*Rumah Kaca*)으로 구성된 총 네 권의 연작소설이다. 프라무댜가 1969년 이후 유배되어 있던 부루(Buru) 섬의 수용소에서 집필했기에 '부루 4부작'이라고 불린다. 유배 생활 초기에 필기도구를 소지할 수 없었던 그는, 구상한 소설 내용을 동료 수감자들에게 구술해야만 했다. 이후 '부루 4부작'은 맥스 레인(Max Lane)이 번역해 출간된 영문판을 비롯해 적어도 28개 언어로 옮겨졌는데, 한국에서는 1권 『인간의 대지』가 『밍케』라는 제목으로 출판된 뒤 후속 번역 작업이 진행되지 않았다.

확신, 인간 정신에 대한 이야기를 전한다. 첫 소설을 썼던 1940년대 말 네덜란드 재점령기*에 투옥되었을 때부터 신질서** 체제 아래 부루 섬에 유배되기까지 그가 겪은 시간을 따라가다 보면, 인도네시아의 현존하는*** 가장 위대한 작가가 자신이 일종의 '내적 망명'internal exile 상태에 있다고 규정하는 것을 보게 된다.

 [수하르토가 쿠데타를 일으켜 정권을 잡은] 1965년의 사건으로 부루 섬에 유배·감금되었다가 1979년에 석방된 이후에도, 프람은 1998년 수하르토의 신질서가 무너질 때까지 연금 상태로 침묵할 것을 강요받았고, 그의 책들은 금서가 되었다. 1998년 이후 해금되고서야 인도네시아 독자들도 이 책들을 볼 수 있게 되었으며, 다른 나라에서도 널리 번역되었다. 그는 30여 년 만에 처음으로 해외여행이 허가되어 1999년 미국과 유럽을 방문했는데, 이때 현지에서 '결코

• 네덜란드의 인도네시아 점령은 1942년 일본의 동남아 점령과 함께 종식되었다. 그러나 1945년 일본이 태평양전쟁에서 패한 후, 네덜란드는 미국과 영국의 지원을 등에 업고 '자기 영토'를 되찾기 위해 인도네시아 지역으로 다시 진입했으며, 그 결과 이를 막으려는 인도네시아 인들과 네덜란드군 사이의 전투가 곳곳에서 벌어졌다. 이 같은 대치 상황은 1949년까지 지속되었는데, 인도네시아 역사에서는 이 시기를 '혁명'(Revolusi)기라고 부른다.
•• **신질서**Order Baru___ 1965년 쿠데타로 정권을 잡은 수하르토는 이전 수카르노 시대와의 차별성을 부각시키기 위해 자신의 체제를 '신질서'라 지칭했고, 수카르노 시대를 '구질서'(Orde Lama)라고 불렀다. 프람이 인터뷰에서 자세히 밝히듯이, 수하르토와 군부는 정권을 장악한 직후부터 대대적으로 반체제 인사들을 탄압하거나 학살했다.
••• 프람은 2006년 세상을 떠났다. 이 서문은 2005년에 작성되었다.

침묵시킬 수 없는 저항의 목소리'라는 칭송을 받기도 했다. 해외 언론은 물론 인도네시아 언론에서도 그는 종종 인도네시아의 가장 위대한 작가로 언급되곤 한다. 실제로 최근의 신문 기사에서는, 그를 자신의 운명에 만족해하며 세상과도 화해한 작가라고 소개한 바 있다(Taufiqurrahman 2005/02/11). 그런데 도대체 왜 그는 자신이 현재 일종의 '내적 망명' 상태에 있다고 말하는 것일까?

인도네시아를 생각하기만 하면 시종일관 '속이 타들어 간다'는 토로야말로 이 질문에 대한 그의 대답이라고 할 수 있다. 현재의 소비사회, 토착화된 부패, 문화적 파산, 역사에 대한 망각 등의 주제로 이어지는 대화 속에서 그의 억눌린 분노가 끊임없이 드러난다. 물론 이처럼 인간의 정신을 좀먹는 현상이 인도네시아에만 있는 것은 아니다. 프람이 여기서 인도네시아 사회의 부패와 타락이라고 부르는 특징적 현상은, 어떤 면에서는 세계화가 낳은 전형적인 산물이다. 그럼에도 프람이 인도네시아에 대해 유독 혹독하게 비난하는 것에 주목할 필요가 있다. 어쩌면 인도네시아 독자들은 이런 비판을 받아들이기 어려울 수도 있고, 외국 독자들은 프람의 비판이 자신에게도 해당될 수 있다고는 미처 생각하지 못할 수도 있다. 그렇지만 이들 모두 프람의 의견에 귀를 기울일 필요가 있다. 그는 다른 작품에서와 마찬가지로 이 책에서도 인도네시아와 세계의 상호 의존성이라는 복잡한 문제를 다룬다. 책의 끝머리에서 프람은 '내적 망명'이라는 문제와 관련해 "내가 세계에 대해 무슨 말을 할 수 있겠습니까?"라고 자문自問한 뒤 이렇게 말한다. "인도네시아에서는 세계에 대해 거의 알지 못하고, 세계는 인도네시아에 대해 전혀 알지 못합니다." 프람이 지닌 '내적 망명'의 딜레마는 이런 표현에도 담겨 있다.

인도네시아어판에서는 물론 번역판에서도 프람의 문학적 표현의 기반인 솔직함과 직접성이 잘 나타나는데, 이는 개인적 경험과 [인도네시아의] 정치적·역사적 경험이 서로 상응하면서 형성된 실천적 균형과도 관련된다. 예컨대 초기작인 "블로라"Blora를 보면, 첫 작품을 썼던 [자카르타 남부에 있는] 부킷 두리Bukit Duri 감옥 내에서 누군가가 작가 자신의 이름을 소리쳐 부르게 하는 방식으로 자서전적인 일인칭 서술 형식을 창조한다.* 이 대화에서 드러난 담화체와 프람이 남긴 문학작품의 전반적인 문체 사이에는 중요한 관계가 있다. 『자카르타 이야기』Tales from Djakarta : Caricatures of Circumstances and Their Human Beings의 영문판 서문을 쓴 구나완 모하마드Goenawan Mohamad가 지적했듯이, 프람의 산문은 "'인도네시아'**를 경험했다는 공감대를

• [원주] "그 교도관은 수용소 사무실에서 돌아와서는 '프람'이라고 소리를 질렀다. 나도 소리를 질러 응답했다. 그는 계속해서 '당신은 풀려날 거요'라고 말했다"(Pramoedya 1992a, 51-64). 이 소설은 1949년 네덜란드어로 번역되어 가장 먼저 출간되었고, 원본인 인도네시아어판은 그다음 해인 1950년 『새벽』(*Subuh*)(Pramoedya 1950)에 실려 출간되었다. 영문판은 잡지 『인도네시아』(*Indonesia*)에 수록되었다(Pramoedya 1992a).
•• 국가로서 '인도네시아'는 1945년 수카르노의 독립선언과 더불어 공식적으로 등장했다. 프람이 말하는 인도네시아의 경험이란, 식민 지배 말기부터 1965년 쿠데타 이전까지 다양한 문화적 배경을 가진 민족들이 하나의 통합된 국가를 만들기 위해 토론하고 투쟁했던 것을 의미한다. 이런 경험은 그의 소설의 근간을 이룬다.

형성할 수 있는 상황을 설정해, 독자들을 끊임없이 이어지는 대화에 참여시킨다"(Pramoedya 1999a, 9). 혁명적인 반식민지 민족주의 시대를 배경으로 한 "블로라", 탈식민지화 이후 국가 형성에 대한 환상이 깨지기 시작한 1950년대 말●에 쓰인 『자카르타 이야기』, 1965년의 쿠데타 이후 혁명적 민족주의가 꺾이고 신질서 체제가 형성된 시기에 부루 섬에서 집필한 '부루 4부작'을 비롯한 반체제적 작품에 이르기까지, 소설 속 배경에 [인도네시아의] 급격한 변화가 잘 접목된 프람의 작품은 세계문학에 지대한 공헌을 한 것으로 평가받는다.

이렇듯 프람은 독자들을 인도네시아의 경험에 대한 대화로 끊임없이 초대했는데, 이는 (영어로 일부 번역되어 『벙어리의 독백』The Mute's Soliloquy이라는 제목으로 소개된 옥중 기록처럼) 독자를 염두에 두지 않은 글에서도 마찬가지였다. 그랬던 그가 신질서 아래에서는 독자들과 단절되었다는 점에서, 2004년부터 시작된 프람과의 대화는 더욱 중요한 의미를 지닌다. 프람이 느낀 '내적 망명' 상태와 앞서 살펴본 인도네시아와 세계 사이의 상호 무지mutual ignorance를 고려하면, 프람은 1965년 이후 사실상 읽을 사람이 전혀 없는 상태에서

● 인도네시아는 1949년에 독립을 쟁취했지만, 1950년대부터는 내부 갈등과 지역 반란 등으로 혼란을 겪었다. 특히 페에르에르이/프르메스타(PRRI/PERMESTA, 170-171쪽 각주 참조)로 대표되는 지역 반란은 통일국가라는 이상에 대한 도전이었다. 이런 상황이 이어진 끝에 1950년대 후반부터는 '교도 민주주의'로 대표되는 경직화된 정치체제가 형성되었고 군부 권력도 강화되었다.

작품을 써야 했기 때문이다.

    이런 맥락을 고려해야만 ("윗사람에게 맹목적으로 충성하고 복종하는 것이며, 결국 파시즘에 이르게 되는") '자바주의'Javanism에 대한 프람의 지속적인 비판이 개인적·정치적·문학적으로 얼마나 중요한지를 가늠할 수 있다. 이런 비판은 (자신과 그 가족과의 관계처럼) 가장 개인적인 문제로부터 자바, 인도네시아, 그리고 세계의 언어·정치·역사 등의 문제로 확대되어 그의 문학작품에서 중심적인 위치를 차지한다. 예를 들어, 오늘날의 인도네시아에는 "지식에 대한 열망이 없다"는 프람의 진단을 어떻게 이해해야 할까? 이 진단은 그가 자신의 가족을 비판하는 것에서 시작해 점점 심화된다. "내 자식들과 손자들도 신문을 읽지 않습니다. 나는 그걸 이해할 수가 없어요. …… 그들은 읽는 문화를 잃었고, 텔레비전을 더 좋아합니다. …… 지식에 대한 열망이라고는 없습니다." 이는 그저 할아버지가 손자들이 텔레비전 앞에 붙어 있다고 한탄하는 소리가 아니라, '읽기 문화'의 중요성을 개인적·역사적으로 터득한 데서 나온 비판이다. 이를 두고 '고급' 문화가 '하위' 문화에 의해 침식된다고 슬퍼하는 일종의 문화적 보수주의로 치부하는 것 또한 옳지 않다. 프람의 문학관은 [미학적 형식을 중시하는] 순수문학belle-lettristic과는 정반대되는 곳에 있는데, 이는 그가 텔레비전이라는 매체에 의해 사라져 가는 '읽기 문화'의 매체로서 신문을 예시한 데서도 나타난다. 프람이 소비문화의 상징으로 텔레비전을 선택한 것은 기술技術과 관계된 개인사 때문일지도 모른다. 그는 『벙어리의 독백』에서, 제2차 세계대전 발발 당시 [자바 섬 동부에 위치한 도시인] 수라바야Surabaya의 라디오 직업학교를 졸업하려고 애썼던 일을 소개하면서, 실기 시험을 준비하기 위해 "당시만 해도 널리 알려지지 않은 텔레비전의 설계도"를 익혀야 했다고 회상한다(Pramoedya 1999b, 149). 비록 전쟁이 터지면서 중단되기는 했지만, 프람은 이때 체험한 직업훈련을 계기로 문학작품에서도 항상 소통의 도구를 창조하려고 노력하게 되었다. 그러므로 프람이 텔레비전 시청에 반감을 보이는 것은 그저 할아버지의 한탄으로 치부될 것이 아니라, "소비할 줄밖에 모르고" "생산적이지 못한" 자바인들에게 던지는 더욱 폭넓은 비판의 일환이라고 볼 수 있다. 이렇게 생산과 소비, 인쇄 매체와 텔레비전 매체를 대비시키는 프람에게 글쓰기 — 특히 인도네시아어로 글쓰기 — 란 미학적 형식이라기보다 소통 수단인 셈이다. 글쓰기는 그가 '인도네시아'의 경험에 대해 끊임없이 독자들과 대화를 시도하려는 노력의 일부이다.

1950년대 말과 1960년대 초 문학적 열정과 역사의식을 결합시킨 프람은 일간지 『렌트라』,• 카르티니••와 티르토 아디 수르요•••

- • 『렌트라』 Lentera ⸺ 인도네시아당(Partindo)이 발행한 진보적 일간지 『빈탕 티무르』(*Bintang Timur*) 문화면의 증보판으로, 1962년부터 1965년까지 발행되었다. 프람은 이 기간에 편집장으로 활동하면서 다수의 글을 게재했다. 『렌트라』와 여기에 실린, 프람에 대한 자세한 분석은 Abel(1997, 21-28) 참조.
- •• **라덴 아유 카르티니** Raden Ayu Kartini, 1879~1904 ⸺ 중부 자바의 즈파라(Jepara)에서 자바 귀족의 딸로 태어났다. 어릴 때부터 학교 교육을 받아 네덜란드어를 자유롭게 구사했던

의 전기, 그리고 (1982년에 출간된) '인도네시아[가 건국되기] 이전의 문학' 선집인 ['과거'라는 뜻의] 『템포 둘루』 Tempo Doeloe 등을 통해 19세기 말과 20세기 초에 나온 기사와 이야기를 모아 재출간하기 시작했다. 프람을 세계적으로 가장 널리 알린 '부루 4부작'의 핵심에도, 이처럼 과거사를 재구성하고 인도네시아의 새로운 읽기 문화를 창조하려는 노력이 담겨 있다. 따라서 프람이 읽기 문화가 사라졌다고 비판했을 때, 이는 '부루 4부작'에 담긴 '상실'이라는 주제와 연결된다. 1965년 사건이 발생하면서 프람은 체포당했고 그의 원고는 압수되거나 파기되었다. 초기 인도네시아의 민족주의와 관련된

> 그녀는 12세부터 이미 정해져 있던 결혼을 준비하기 위해 집에만 머물게 되었다. 이때 물타툴리의 『막스 하벨라르』를 비롯한 책과 신문, 그리고 펜팔을 통해 유럽과 유럽의 사상, 특히 여성운동에 깊은 관심을 가지게 되었다. 1903년 자바 중부 름방(Rembang) 귀족의 넷째 부인으로 결혼했지만 1904년 출산하고 며칠 뒤 사망했다. 카르티니가 유럽인 지인들에게 보낸 편지가 1911년 네덜란드어로 출판되었고, 이후 『자바 공주의 편지』 (Letters from Javanese Princess)라는 제목의 영문판이 나왔다. 1912년 카르티니 재단이 설립되었고, 이후 인도네시아 각 지역에 카르티니의 이름을 사용한 학교들이 설립되었다. 인도네시아 여성운동의 선구자로 여겨질 뿐 아니라, 민족주의자들에 의해 인도네시아 민족의 영웅으로 추앙되었다.
>
> ●●● **티르토 아디 수르요**Tirto Adi Suryo, 1880~1918___ 인도네시아 언론의 창시자이자 민족적 영웅의 한 사람이다. 1900년대에 민족주의를 표방한 신문의 창간을 주도했는데, 무엇보다 처음으로 인도네시아어를 사용하고 인도네시아 인 기자를 고용해 신문사를 운영했다. 식민주의를 거침없이 비판했다는 이유로 말루쿠(Maluku) 섬으로 유배되었고, 1918년 (현재의 자카르타인) 바타비아(Batavia)에 돌아온 직후 사망했다. '부루 4부작'에 나오는 주인공 밍케(Minke)는 그를 모델로 한 것으로, 4권 『유리로 만든 집』의 마지막 부분에 실제 이름이 등장한다.

역사 기록은 제대로 남아 있지 않아, 프람은 '부루 4부작'에서 이를 소설 형태로 재구성해야만 했다. [이 같은 개인적·역사적 경험을 지닌] 프람은 이 책에서도 줄곧 읽기 문화가 형성되려면 먼저 역사 기록이 보존되어야 한다고 지적한다. 그래서 그는 '인도네시아 군도 백과사전'을 완성하겠다는 계획을 세웠고, 과거에도 종종 이에 대해 언급한 바 있다.* (프람이 이 책에서 "이 작업 역시 끝낼 수가 없습니다."라고 하듯이) 달성하지 못할 것 같은 계획이지만, 결코 이상주의적인 목표는 아니다. 그 백과사전이 정확히 어떤 형태일지는 불분명하지만, 『인도네시아 혁명 연보』 Kronik Revolusi Indonesia(1999)를 떠올려 볼 수 있는데, 이 책은 프람이 1945~47년에 일어난 사건들의 연대기를 쿠살라 수바교 투르 Koesalah Soebagyo Toer, 에디아티 카밀 Ediati Kamil 과 함께 세 권으로 엮어 낸 것이다.

프람의 '내적 망명'의 이유가 되는 개인적·정치적·역사적 상황은 분명 암울한 것이다. 그러나 자신의 내면에서 '불타오르는' 무언가를 이야기로 만드는 그의 능력은 우리에게 현재, 그리고 세계에서 인도네시아가 어떤 위치에 있는지를 알고 싶게 만든다. 프람이 말하는 '자바주의'는 현재 상황을 반영하기도 하지만, 한편으로는 인도네시아와 관련된 역사적 기록의 좌표를 다시 구상하려는 그의 오랜 노력도 반영한다. 이 구상에는 20세기 전반에 걸친 탈식민지

---

* [원주] Taufiqurrahman(2005/02/11)에도 이런 내용이 언급되었다.

화 경험에 따른 전 지구적이고 역사적인 충격까지 포함될 정도로 프람의 시야는 놀랄 만큼 넓다. 프람의 작품 하나하나가 그런 노력에 대한 모범적인 문학적 증표라고 할 수 있다.

프람의 작품은 단순히 인도네시아 민족주의의 기원을 서술하는 데 그치지 않고 탈식민지화 과정, 혁명적 반식민지 민족주의, 독립 후 국가 건설의 환상이 깨지는 악순환 등에 대한 직접 경험을 바탕으로 창작된 것이다. 그의 작품은 우리를 아주 먼 과거로 데려간다. 1995년에 출간된 장편 역사소설 『역류』Arus Balik는 16세기를 배경으로 한다. 또 다른 역사소설인 『아록 데데스』Arok Dedes의 역사적 배경은 13세기까지 거슬러 올라가는데, 부루 섬에서 집필된 이 소설은 1999년까지도 인도네시아에서 출판되지 못했다.* 구나완 모하마드가 얘기했듯이, '부루 4부작'과 마찬가지로 이 작품들은 독자들을 인도네시아에 대한 끊임없는 대화로 끌어들이고자 프람이 기울인 노력의 연장선상에 있다. 또한 이 소설들은 베네딕트 앤더슨Benedict Anderson이 "자바 전통의 정형화된 형태에 맞선 프람의 투쟁"이라고 칭한, 프람의 오랜 '자바주의' 비판을 확장시킨다.** 이런 작

● 『역류』는 16세기 포르투갈 인들의 믈라카(말레이시아의 항구도시이자 당시 해상무역의 중심지) 점령과 그에 대항해 펼친 투쟁을 배경으로 한 소설로, 제목이 암시하는 것처럼 유럽인들이 점령한 뒤 이 지역에서 현지인들이 주도적 지위를 상실한 역사를 보여 준다. 『아록 데데스』는 13세기 동부 자바의 왕국 크디리(Kediri)를 배경으로, 폭군의 통치에 저항한 인물 아록의 투쟁담이다. 2007년에 『자바의 아록』(Pramoedya 2007)이라는 제목으로 영문판이 출판되었다.

품들이 아직 독자들에게 소개되지 않았으므로 프람이 '자바주의'·인도네시아·세계사의 좌표를 얼마나 새롭게 구상했는지를 평가할 수는 없다. 그럼에도 이 책에서 프람이 '내적 망명' 상태에서 토로한 '타오르는' 절박함은, 앞서 출중한 문학작품을 통해 인도네시아의 읽기 문화와 인도네시아 문화 자체를 생산하고자 애썼던 지점과도 직결된다.

블첵과 인디라 덕분에 프람의 목소리는 크고 선명하게 전달될 수 있었다. 그것은 세상과 화해한 작가의 목소리는 아니었다. 『작가의 망명』에는 프람이 줄곧 그의 작품에서 드러내고자 했던 차이[의 존중], 저항, 도전, 자유와 이성에 대한 타협 없는 고집, 그리고 '프람주의'라고 불리는 개인주의 등과도 이어지는 이야기가 기록되어 있다.

포드햄 대학에서
2005년 5월

** [원주] "프라무댜의 인도네시아어는 인도네시아 전통과 싸우기 위한 문화적 요새이다" (Anderson 1990, 219).

서론

나게시 라오•

사실 얘기할 게 무척 많습니다. 우선 젊은 세대, 그리고 수하르토가 물러날 때까지 투쟁했던 학생들에 대해서 얘기하고 싶어요. 그리고 다른 시대, 곧 사람들이 쫓기고, 살해당하고, 바다에 버려진 시대에 대해서도 얘기하고 싶습니다. 나는 언론을 이용할 수도 없고 나를 지원할 단체도 없어요. 혼자 속만 태우고 있죠. 당신들이 여기 왔으니까 이제 얘기할 수 있겠군요. 당신들을 붙잡고, 몇 십 년간 내 안에 쌓인 모든 좌절과 저주를 털어놓을 수 있게 되었습니다.

인도네시아 문학의 거장, 프라무댜 아난타 투르와의 특별한 대화는 이렇게 시작된다. 프라무댜는 인도네시아의 문화적 정체성의 혁명적 관점을 표현해 낸 소설가이자 저술가로 평가받고 있으며, 이 책에서 처음으로 책 한 권 분량의 인터뷰가 시도되었다. 반식민

• **나게시 라오**Nagesh Rao___ 미국 뉴저지 대학 영문학 교수이다. 『인종과 계급』(*Race and Class*), 『남아시아 비평』(*South Asian Review*), 『탈식민지 텍스트』(*Postcolonial Text*)를 비롯한 여러 학술지에 탈식민지 문학과 이론에 관한 글을 발표했다.

주의적 민족주의, 인본주의, 서사적 문체를 혼합시키는 프라무댜의 작품은, 살만 루슈디Salman Rushdie, 가브리엘 가르시아 마르케스Gabriel Garcia Marquez, 나기브 마푸즈Naguib Mahfouz 등의 작품과 더불어 근대문학의 최고 반열에 올라 있다. 이들과 달리 프라무댜가 서구의 문학계와 학계에 그다지 잘 알려지지 않았던 것은 그가 저술 활동을 하는 동안 망명·투옥·검열·억압 등의 비정상적 환경에 처해 있었기 때문이다. 또한 (인도네시아와 동남아시아 전문가가 아닌) 사람들이 그에 대해 알 수 없었던 것은, 미국 지배 체제와 수하르토 독재 정권이 역사적으로 긴밀하게 유착되었기 때문이다.

여기, 10년간 부루 섬의 수용소에 유배되었고, 지금은 너무 쇠약해져서 글을 쓸 수도 없지만, 여전히 '불타오르는 내면'에 진실, 정의, 인간의 존엄성에 대한 식지 않는 열정을 지닌 작가가 있다. 루슈디·마르케스·마푸즈를 비롯한 탈식민지 시기 작가들과 마찬가지로 프라무댜도 역사의 흐름에 대한 깊은 통찰이 담긴 글을 썼다. 여기에서는 사전 지식이 없는 독자들도 프라무댜가 이 책에서 제기한 문제들을 좀 더 잘 이해할 수 있도록 인도네시아 역사를 간략히 정리했다.

아시아를 향한 쟁탈전

네덜란드가 동인도*를 점령·지배한 것은, 사실 모든 아시아 지역이, 유럽에서 새롭게 떠오르고 있던 자본주의 국가들의 지배 아래

놓이게 되는 긴 역사적 과정에서 일어난 일이었다. 유럽이 팽창해 아시아를 점령한 시기를 구분해 보면, 대략 1500년에서 1850년에 이르는 350년간을 첫째 시기로 볼 수 있다. 향료·비단·차 등을 거래하는 아시아 무역이 점점 번창하자, 유럽의 신생 열강들은 좀 더 큰 이익을 얻기 위해 광적으로 경쟁했다. 유럽 자본주의가 발전하기 전 수 세기 동안 인도, 중국, 그리고 (오늘날 인도네시아라고 알려진) 동남아 군도는 무역·상업·문화의 중심지였다. 인도와 중국은 유럽과 아시아 전역을 가로지르는 무역로를 가지고 있었을 뿐 아니라 아프리카 서부 해안에까지 진출했고, 유럽 중세 때까지만 해도 이들의 상업과 기술은 서구보다 한참 앞서 있었다. 사학자 파니카르K. M. Panikkar는 "초기 십자군 전쟁 이후 아시아에 대한 유럽의 관심이 크게 증가했고, 베네치아와 제노바는 인도의 상황과 무역에 대한 상세한 지식을 가지고 있었다."라고 서술했다(Panikkar 1959, 21). 수 세기 후, 헤겔Georg Wilhelm Friedrich Hegel은 다음과 같이 기록했다. "갈망의 땅으로서의 인도는 일반 역사에서 핵심 요소를 구성했다. 아주 옛날부터 모든 국가들은 이 경이로운 땅의 보물을 얻고자 소망하고 열망했다. …… 이 보물들이 서구로 넘어가는 경로는 세계사적으로 항상 중요한 문제였다"(Panikkar 1959, 21에서 재인용).**

- **동인도**East Indies___ 16세기부터 유럽인들이 남아시아, 동남아, 오세아니아 도서 지역을 통칭하는 명칭으로, 일반적으로 동아시아와 중앙아시아는 제외되었다.
- ** 헤겔은 이른바 역사주의(historicism), 즉 정치·예술·종교 등 어떤 주제를 이해하려면

15세기까지 서아시아 오스만제국이 엄청난 힘을 과시하며 영광을 누렸고, 그 이후 페르시아의 사파위 제국과 동쪽의 무굴 제국이 지배했기 때문에 이때까지 이슬람 무역업자와 상인들은 번창하는 향료 무역을 사실상 독점하고 있었다. 파니카르는 이런 상황에 대해 다음과 같이 서술했다. "1187년에 십자군으로부터 예루살렘을 재탈환한 살라딘˙의 시대 이후, 이집트를 기반으로 한 이슬람 세력은 아시아와 유럽 사이의 강력한 장벽이 되었다"(Panikkar 1959, 22). 그래서 유럽 상인들은 아랍 세계가 독점한 육로를 피해서 인도양에 이를 수 있는 해로를 찾아 왔다. 1498년 포르투갈 선원 바스코 다 가마Vasco da Gama가 인도의 서해안에 도착한 것은, 유럽 상인과 무역업자들의 2백 년에 걸친 숙원을 이룬 것이었다. 포르투갈 왕 마누엘 1세˙˙의 경제적 지원을 받아 이루어진 이 항해는, 희망봉 부근까지 이르는 데만도 무려 11개월이 걸렸다.

유럽 상인들은 해로를 장악하는 것이 그들에게 엄청난 이익을 가져다줄 것이라고 확신했고, 여기에는 충분한 근거가 있었다. 일례로 1521년에 페르디난드 마젤란Ferdinand Magellan이 빅토리아호를

반드시 그 역사적 발전 과정을 이해해야 한다고 보았다. 헤겔이 제시한 '일반 역사'는 단순한 사건들의 집합인 '사실적 역사'와 달리, 정치·경제·예술 등이 통합적 이성 혹은 시대정신에 의해 하나의 전체를 이루는 과정을 의미한다(Greer and Lewis 2005, 479).
● **살라딘**Saladin, 1138~93___ 이집트 아이유브 왕조의 시조(1169~93년 재위).
●● **마누엘 1세**Manuel I, 1469~1521___ 포르투갈의 왕(1495~1521년 재위).

타고 세계를 항해하던 중 수마트라에 들러 정향丁香을 가득 싣고 돌아왔고, 그것을 유럽에서 팔아 2천5백 퍼센트에 달하는 이익을 얻었다(Panikkar 1959, 87). 이렇듯 실제 생산자보다는 물자의 흐름을 장악한 자에게 이익이 보장되었다. 전 유럽의 상인들이 바스코 다 가마의 뒤를 따르기 시작했고, 16~17세기 동안 네덜란드·영국·프랑스 사람들이 여러 다른 지역에 도달했다. 그리고 그들의 관심은 세 개의 핵심 지역 — 인도, [오늘날의] 인도네시아(와 말레이반도), 중국 — 에 집중되었다.

이 지역 주민들은 경계심을 풀지 않고 유럽 상인들을 맞이했지만, 대체로 상인들이 해안 지역에 무역소를 설치하는 것을 허용했다. 그렇게 하지 못한 유럽인들은 강제로 자신들의 뜻을 관철했는데, 1511년 포르투갈 군인 알폰소 알부케르크Alfonso Albuquerque가 18척의 함대를 이끌고 믈라카*에 도착한 것이 대표적이다(Panikkar 1959, 40). 그는 믈라카의 술탄과 협상을 시작하기 전에 항구에 정박된 배들을 불태워 술탄이 먼저 공격에 나서도록 자극했고, 술탄을 물리친 뒤에는 자신의 군대에 지시를 내려 도시를 약탈하고 주민들을 학살했다. 학살에서 살아남은 이들은 노예로 팔렸고, 포르투갈 왕은 이 도시를 약탈해 금화 20만 크루자도스cruzados 이상의

---

* 믈라카Melaka__ 말레이시아의 수도인 쿠알라룸푸르(Kuala Lumpur)의 남쪽에 위치한 해안 도시로, 이곳을 중심으로 하는 (수마트라와 말레이 사이의) 믈라카 해협은 당시 동남아 국제무역의 중심지였다.

수입을 올렸다.

이렇듯 유럽 팽창의 초기 역사는 한편으로는 살해·죽음·파괴로, 다른 한편으로는 음모와 간계로 점철되어 있다. 유럽 상인들은 가능한 경우 상대를 매수하거나 감언이설로 부추기고 속여서 무역에 대한 권리를 얻어냈다. 그렇지만 필요하다면 약탈과 노략질조차 서슴지 않았다. 어떤 경우든, 유럽 상인들은 현지의 상인뿐 아니라 다른 유럽 상인과도 경쟁 상태에 있었다. 그래서 상인들과 무역업자들은 끊임없이 군사행동과 연루되었고, 자신들의 목적을 이루기 위해서 상업 활동과 전투를 병행해야 했다. 프랑스·포르투갈·영국은 인도에서 상대를 밀어내기 위해 싸웠다. 처음에는 포르투갈과 네덜란드가, 그다음에는 네덜란드와 영국이 인도네시아 군도의 지배권을 놓고 수많은 소규모 전투를 벌였다. 이런 전투들은 어느 정도는 유럽 내 치열한 경쟁의 연장선상에 있었다. 일례로 1568년에서 1648년까지 80년간 지속된 네덜란드의 반(反)스페인 독립 전쟁은, 네덜란드가 해외로 진출하게 된 원인의 하나였다. 사학자 리클레프스 M. C. Ricklefs가 지적했듯이 "네덜란드 인들은 북유럽 지역에서, 포르투갈로부터 들여온 향료를 소매업자에게 중개하는 일을 했는데, 전쟁 및 1580년 스페인과 포르투갈 왕실 간에 맺은 연합으로 말미암아 (포르투갈 인들이 아시아로부터 가져온) 향료를 얻기가 어려워졌다. 그러자 자연스럽게 아시아로부터 향료를 직접 구해 오겠다는 열망이 점점 커졌다"(Ricklefs 1993, 26). 1595년 처음 동인도에 진출한 네덜란드 인들은 1602년에는 네덜란드의 여러 경쟁

회사들이 연합해 통합된 (네덜란드어 앞 글자를 따서 VOC˚라고 알려진) 동인도회사를 설립하기에 이르렀다.

네덜란드는 적대적인 인종주의를 바탕으로 동인도를 지배했다. 이들은 이후 오랫동안 수마트라·자바·보르네오의 사실상 전체 인구를 대농장(플랜테이션)에 기반을 둔 노예노동에 강제 동원했고, 동인도 사람들에게는 프랑스와 네덜란드 부르주아혁명의 민주적 이상이 적용될 수 없다고 여겼다. 네덜란드 정부는 "자유와 평등이라는 원칙은 …… 국가[네덜란드]의 소유인 동인도 영토의 안보가 지금처럼 불가피하게 (인도네시아 인들의) 복종에 달려 있는 한 이 지역에는 적용될 수 없[으며] …… 보편적 문명의 좀 더 수준 높은 질서가 그들의 운명을 개선시킬 때까지는" 노예제도 또한 폐지할 수 없다고 선언한 바 있다(Panikkar 1959, 86). 네덜란드 식민주의의 창시자 중 한 명인 얀 피터르스존 쿤˚˚은 이를 다음과 같이 간단히 설명했다. "유럽에서는 누구든 자기가 가진 가축을 마음대로 해도 되지 않은가? 이곳의 주인들과 그가 소유한 사람들의 경우도 마찬가지다. 왜냐하면 네덜란드의 짐승들과 마찬가지로 그들 또한 주인의

˚ **동인도회사** Vereenigde Oost-Indische Compagnie___ 19세기 초에 해체될 때까지 동남아 무역과 자바를 비롯한 인도네시아의 식민지화를 주도했다.

˚˚ **얀 피터르스존 쿤** Jan Pieterszoon Coen, 1587~1629___ 동인도에 네덜란드 상업 제국을 건설한 주요 개척자. 네덜란드가 파견한 4대 동인도 총독으로 인도네시아 군도에서 포르투갈을 몰아내고 영국의 침투를 막으며 자바 서부에 바타비아를 건설했다.

서론 23

재산이기 때문이다"(Panikkar 1959, 86). 그러나 17~18세기 동안 동인도에 대한 네덜란드의 지배는 완벽하거나 안정적이지 못했는데, 이는 그들이 (특히 자바와 수마트라에서의) 농민 봉기와 반란, 그리고 점차 호전적으로 변해 가는 지방 수령bupatis과 맞서야 했기 때문이다(Ricklefs 1993, 94ff.). 그러나 네덜란드는 영토를 운영하는 데 토착 지방 수령이나 귀족 엘리트를 이용하는 등 점차 토착 사회의 경직된 위계질서에 의존하기 시작했다. 그러면서 그들은 여러 지역에서 귀족 체제를 강화했고, 토착 귀족이 평민에 대해 가지는 관습적 권위에 관여하지 않았다. 더구나 네덜란드는 이 지역의 헤게모니를 둘러싸고 당시 말레이-인도네시아 지역에서 가장 강력한 해군·상업 세력인 영국과 맞닥뜨리게 되었다(Ricklefs 1993, 142).

인도네시아 민족주의의 탄생

19세기 초에 동인도회사로부터 동인도 지역의 행정권을 물려받은 네덜란드 정부는 20세기 초에 이른바 [식민지 신민의 복지에 대한 윤리적 책임을 인정한다는] 윤리 정책을 채택했다. 1860년에 과거 식민지 관료였던 에두아르트 다우에스 데커Eduard Douwes Dekker가 '물타툴리'Multatuli라는 필명으로 쓴 소설 『막스 하벨라르』*가 출간된 이후,

....

● 『**막스 하벨라르**』Max Havelaar ___ 네덜란드 식민 정부의 관리인 막스 하벨라르라는 인물의 이야기를 통해 인도네시아, 특히 자바에 식민 지배가 미치는 해악과 문제점을 고발한

유럽에서는 식민주의에 대한 자유주의적 비판들이 지지를 받기 시작했다. 『막스 하벨라르』에 담긴, 억압적이고 부패한 식민 체제에 대한 고발은 큰 반향을 불러일으켰고, 그래서 이 소설은 근대 인도네시아에서 반식민주의적 민족주의의 최초의 문학적 표현으로 여겨진다. 그러나 리클레프스의 주장처럼 "자유주의자들은 딜레마에 직면했다. 강제 경작제도를 없애고 싶어 하면서도, 네덜란드가 자바에서 얻는 이익은 유지하길 바랐기 때문이다"(Ricklefs 1993, 124). 네덜란드 관료들은 [현지의] 교육과 생활수준을 향상시키고, 경제체제를 근대적 자본주의로 변모시키는 방식으로 이 광대한 지역에서 벌어들이는 이익을 극대화할 수 있다는 논리에 설득되었고, 미약하나마 점차 사회적·정치적 개혁을 도입하기 시작했다. 그러나 윤리 정책의 정치적 수사修辭와는 달리, 식민지 인구의 대다수는 네덜란드 인과 인도네시아 인 엘리트들에게 수탈당한 채 비참하게 생

작품이다. 1830년부터 시행된 강제 경작제도(cultuurstelsel)는 다수의 인도네시아 농민들을 설탕·커피 등의 대규모 상업 작물 재배를 위한 노동력으로 동원했고, 이를 통해 식민 정부는 막대한 이익을 착취했다. 이 소설에서 데커는 유럽인들이 향유하는 부와 풍요로움이 다른 지역(식민지) 사람들을 착취해 얻어진 것임을 폭로하고 있다. 데커의 소설은 19세기 말부터 네덜란드와 유럽에서 강압적인 식민 지배를 반성하는 지식인들의 운동에 큰 영향을 끼쳤고, 그 결과 식민지의 기반 시설 확충과 현지인들의 삶의 개선을 내용으로 하는 온건한 식민정책인 '윤리 정책'이 도입되는 것으로 이어졌다. 이 글에서 지적하는 것처럼 윤리 정책 자체는 한계가 명백했지만, 그것은 하나의 새로운 흐름, 즉 새로운 지식 계층과 민족주의가 등장하는 계기가 되었다. 프람은 『막스 하벨라르』를 반식민주의 문학의 대표작으로 칭송한 바 있다.

활하고 있었다. 예를 들어 1920년까지, 고등교육기관에 등록된 인도네시아 학생의 수는 (4천8백만 명이 넘는 전체 인구 가운데) 78명에 불과했다(Dahm 1969, 29). 1930년에 성인 인도네시아 인의 식자율은 7.4퍼센트에 머물렀고 발리나 롬복Lombok 같은 몇몇 지역에서 그 비율은 더욱 낮았다(Ricklefs 1993, 124).

그럼에도 윤리 정책은 새로운 식자층 엘리트, 그리고 결과적으로 근대 인도네시아 민족주의의 등장을 야기했다. 일례로 인도네시아 독립 투쟁의 지도자이자 인도네시아 근대사에서 가장 중요한 정치인이라고 할 수 있는 수카르노Achmed Sukarno가 탄생할 수 있었던 것도 이런 시대적 맥락과 밀접히 연관된다. 수카르노는 인도네시아 인의 입학을 허용하는 극소수 고등교육기관 중 하나인, 수라바야의 고등 시민 학교Hogere Burger School, HBS(하베에스)에서 교육을 받았다. 또한 20세기 초반에 최초의 민족주의 단체인 부디 우토모*가 등장했는데, 이후 이 단체는 (인도네시아 인들이 결성한 최초의 대중조직이라고 할 수 있는) 사레캇 이슬람(이슬람 연합)**으로 발전했다.

---

* **부디 우토모**Budi Utomo___ 1908년 자바의 고위층 인도네시아 인들의 모임을 토대로 결성되었고, 최초의 인도네시아 민족주의 운동 단체로 여겨진다. 정치조직이라기보다는 대중 교육과 문화 전파에 대한 지식인의 역할을 강조한 사회조직의 성격을 띠었으며, 이후 칩토 망운쿠수모(Cipto Mangunkusumo) 등의 활동을 통해 노동 계층과 다른 지역으로도 확대되었다. 1935년에 공식 해체되었다.
** **사레캇 이슬람**Sarekat Islam, Si___ 1912년 자바 중부의 수라카르타(Surakarta)에서 자바 전통 의상인 바틱(Batik)을 취급하는 상인들이 연합해 결성되었다. 초기에는 중국 상인

사레캇 이슬람은 원래 네덜란드의 비호를 받던 중국계 상인들의 성장에 대항하고자 자바 상인들이 결성한 단체로, 초기에는 상인들과 사업가들이 네덜란드 인들이 저지르는 불공정한 조치를 바로잡을 방법을 찾기 위해 구성된 지역 모임이었다. 그러나 곧 사레캇 이슬람의 지역 지부들은 농민·노동자·빈민 등 평범한 인도네시아 사람들이 불만을 토로하러 모이는 장소가 되었다. 사레캇 이슬람과 1920년에 결성된 인도네시아 공산당●은 반식민지 민족주의를 대중적으로 확대하며 인도네시아 역사의 새로운 장을 열었다.

인도네시아 민족주의는, 서로 다르고 때로는 모순되기까지 한 이질적인 경향이 조합되어 태동했다. 사레캇 이슬람에서 ['인도의 전령(傳令)'이라는 뜻으로 1912년에 처음] 발행한 신문인 『우투산 힌디아』 Utusan Hindia에는 이미 1918년에 다음과 같은 선언이 실린 바 있다. "우리가 추구하는 것은 독립이 아니라 자유다. 우리는 빈부의 차이

들의 상권에 대항해서 무슬림 상인들의 권익을 보호하려는 목적을 표방했지만, 오마르 사이드 초크로아미노토(Omar Said Tjokroaminoto, 1882~1935) 등에 의해 점차 전국적인 정치조직으로 발전했다. 초크로아미노토는 수카르노를 비롯해 민족주의적인 이슬람 정치인들에게 영향을 끼쳤다.
● 러시아혁명의 영향으로 1910년대 인도네시아에서도 사회주의 정치 세력이 등장했다. 1914년 네덜란드의 사회주의자 헨드리퀴스 마링[Hendricus Maring(본명 Hendricus Josephus Franciscus Marie Sneevliet), 1883~1942]이 창설한 (네덜란드령) 인도 사회민주의 연합(Indische Sociaal-Democratische Vereeniging, ISDV)이 1920년 인도 공산주의 연합(Perserikatan Komunis di Hindia, PKH)으로 개명했다가 다시 1924년에 인도네시아 공산당(Partai Komunis Indonesia, PKI)으로 바뀌었다.

를 일소하기 위한, 인류의 자유를 요구한다"(Dahm 1969, 37). 비슷한 맥락에서, 수카르노는 서로 다른 정치사상 조류들 사이에서 능숙하게 어느 하나에 치우치지 않을 수 있는 지도자의 스타일과 수사를 발전시켰다. 1921년 『우투산 힌디아』에 기고한 글에서 그는 다음과 같이 선언했다. "사회주의, 공산주의, 그리고 비슈누 무르티Vishnu Murti는 어디서나 [인민의] 각성을 불러온다. 자본주의를, 그 노예인 제국주의에 의해 지탱되는 자본주의를 폐지하라! 신은 이슬람에게 성공할 수 있는 힘을 부여하셨다"(Dahm 1969, 37에서 재인용). 이렇듯 수카르노는 민족주의·이슬람·마르크스주의라는 이데올로기를 '종합'*해 인도네시아 민족주의당Partai Nasional Indonesia, PNI을 창설했으며, 이는 이후 반식민주의를 추동하는 주도 세력이 되었다. 종교와 마르크스주의의 이런 혼합은 1970년 수카르노가 사망할 때까지 그의 정치 전략의 특징이 되었다.

---

* 수카르노는 상충된다고 여겨지는 모든 정치·종교 사상을 통합·발전시킬 수 있다고 믿었다. 스스로를 "마르크스의 사상을 믿지만 종교적인 사람"이라고 했던 수카르노는 1926년에 『민족주의·이슬람·마르크스주의』(*Nasionalisme, Islam, Marxisme*)를 통해 세 가지 이데올로기의 통합을 주장했다. 이는 자신이 주창한 정치사상의 근간이 되었을 뿐만 아니라, 다양한 민족·언어·문화가 공존해야 하는 인도네시아에 대한 그의 비전이기도 했다. 다양한 이데올로기의 통합은 흔히 자바 문화의 특징이라 여겨지는 제설혼합주의(syncretism)의 영향을 받은 것으로 여겨진다.

일본의 점령

[인도네시아 민족주의 운동이 성장했음에도] 20세기 초 수십 년간 네덜란드의 지배 체제는 심각한 도전을 받지 않았다. 제2차 세계대전 기간에 네덜란드 식민 체제의 힘을 약화시킨 것은 오히려 일본군이었다. 강대국들 간의 제국주의 경쟁이 제2차 세계대전이라는 형태로 폭발했을 때, 아시아-태평양 지역은 미국과 일본이 경쟁하는 장이 되었다. 유럽 강대국은 하나같이 태평양전쟁에서 별 역할을 하지 못한 채, 발전하는 일본의 힘 앞에 급속히 무너졌다. 일본은 20세기 초에 이미 러시아와의 전쟁에서 승리했고, 통합된 동아시아·동남아시아 식민지 건설을 구상하고 있었다. 급기야 유럽의 식민지들은 일본의 맹공에 차례로 무너졌고, 많은 식민지에서 일본군은 해방군으로 환영받았다. 그럼에도 일본이 네덜란드만큼이나, 어떤 면에서는 네덜란드보다 더 잔혹하고 억압적이라는 것이 드러나면서 해방에 대한 환상은 곧 무너졌다. 일본은 1942년에서 1945년까지 3년 반에 걸쳐 인도네시아를 점령했는데, 역설적으로 이 시기에 (이후) 인도네시아 인들의 봉기가 일어나는 데 필요한 조건이 갖추어졌고, 그 봉기는 인도네시아의 독립과 자치로 이어졌다. 이와 관련해 리클레프스는 다음과 같이 주장한다.

인도네시아 인에 대한 일본의 정책에는 우선시되는 두 개의 원칙이 있었다. 인도네시아 인들에게서 서구의 영향을 일소하는 것, 그리고 일본의 승리라는 목적을 위해 그들을 동원하는 것이었다. 네덜란드와 마찬가지로, 일본도 자국의 이익을 위해 인도네시아를 지배하려고 했다. 그들은 앞서 네덜란드가 겪었던 문제에 직면했고, 그들과 비슷한 해결 방식을 채택했다. (일본 군법과 배치되는 것이 아닌 경우, 사실상 네덜란드 식민지 법이 그대로 효력을 발휘했다.) 그러나 자원을 극대로 끌어내야만 하는 대규모 전쟁의 와중에서, 일본군은 질서 있는 안정보다는 동원을 통한 통제를 하기로 결정했다. 전쟁이 진행되면서, 인도네시아 인들을 동원하려는 그들의 광적인 노력은 이후 등장할 인도네시아 혁명의 기초를 놓았다(Ricklefs 1993, 209).

물론 전쟁에서는 미국이 승리했다. 도쿄가 폭격을 당하고 히로시마와 나가사키에 원자폭탄이 투하되면서 일본이 무너졌고, 1945년 8월 15일 일본은 결국 항복을 선언했다. 미국은 일본 점령을 시작하면서, 한국에서 베트남과 인도네시아에 이르기까지 태평양 전체에 그 힘을 투영할 기지로서 일본을 이용했다. 그래서 종종 히로시마와 나가사키의 원폭 투하는, 제2차 세계대전의 종결이 아니라 냉전의 개막을 알리는 예포라고 불린다. 이제 전 세계는 각각 미국과 소련이 이끄는 두 개의 커다란 제국으로 나누어졌다.

독립, 수카르노, 인도네시아 공산당

일본이 패망하고 이틀이 지난 8월 17일, 수카르노는 자신의 집 앞에서 열린 작은 의식에서 독립 선언문을 낭독했다. 그러는 사이, 승리한 연합군은 일본군이 떠난 후 뻔뻔스럽게도 자신들의 식민지를 되찾겠다며 몰려왔다. 자신의 권리를 확보하기 위해 인도네시아로 돌아온 네덜란드 군대는 영국 장군들과 미군의 도움을 받았다(1947년이 되면 미국이 국제연합에서 네덜란드의 철수와 인도네시아의 독립을 주장한다).* 그렇지만 인도네시아 인들은 혁명적 독립 전쟁을 전개했고, 결국 1948년에 네덜란드를 몰아내 재식민지화를 막았다.

그전까지만 해도 지하로 잠적해야 했던 인도네시아 공산당, 사회주의당, 인도네시아 민족주의당 같은 몇몇 정치 집단들이, 독립 이후 더욱더 힘을 키워 다시 등장했다. 이 시기 수카르노는 진보적 세력들 사이에서 지배력을 확고히 했고, 탈식민지 시기의 다른 지도자들이 얻지 못한 대중적 지지를 받았다. 일정 부분 이것은 좌파적 개혁주의, 반식민주의, 종교적 감성을 자신의 독특한 정치사상으로 혼합할 수 있었던 그의 탁월한 능력 덕분이었다. 1960년 그는 그런 혼합된 정치사상에 민족주의Nasionalisme・종교Agama・공산주의Komunisme를 뜻하는 인도네시아어 머리글자를 합쳐 나사콤Nasakom이라는 이름을 붙였다. 그렇게 해서 그는 제국주의에 대항하는 '민족 전선'을 결성하자고 주장했다.

---

* [원주] 전후 미국은 자신을 '민주주의'와 '자결권'의 수호자로 자처했는데, 이는 제국주의 경쟁자들의 식민지를 빼앗고, 전쟁의 결과로 얻은 자신의 정치・경제・군사적 우월성을 강화하는 데 더 나은 방법이었다.

독립 이후 가장 극적인 발전은 인도네시아 공산당이 러시아와 중국에 이어 세계에서 세 번째로 큰 공산당으로 발돋움한 것이었다. 냉전 시기에 러시아와 중국 공산당은 인도네시아 공산당을 비롯한 아시아의 다른 공산주의 정당에 막대한 영향력을 행사했다. 제국주의에 대한 투쟁 전술에서 양자[러시아 공산당과 중국 공산당]는 차이를 보였다 — 마오주의가 좀 더 '호전적'이고 좌파적으로 보인 반면, 스탈린주의는 한층 '온건하게' 보였다. 그러나 전술상 차이가 있었다고는 하나, 그들의 전략은 근본적으로 상명하달 방식의 관료적 체제가 통제하는 강력한 민족국가를 공고화한다는 목표를 공유했다. 즉 그들은 아시아를 자신들이 구상한 대로 개조하려고 했다.

한편 냉전 시기 미국은 봉쇄정책containment policy을 펼쳤는데, 이는 과거 식민지였던 지역에서 러시아나 중국의 세력권으로 편입하려는 어떤 저항도 용납하지 않겠다는 의도에서였다. 이제 아시아는 전 세계에서 냉전의 위협을 가장 많이 받는 지역이 되었다. 미국이 네이팜탄과 고엽제처럼 새로운 대량 살상 무기를 사용하면서, 한국과 베트남에서 일어난 두 번의 전쟁에서만 5백만 명이 넘는 이들이 살상되었다. 그러므로 아시아에서, 특히 베트남과 인도네시아에서 좌파의 투쟁에는 냉전이 미친 영향이 가장 컸다. 이 지역의 혁명가들은 (방식은 달랐지만) 서구 제국주의에 대항하기 위해 민족부르주아를 지원하라는 지령을 러시아와 중국 모두로부터 받았다. 그렇지만 제국주의의 공격에 저항하는 민족국가를 강화한다는 것은, 그 내부의 지배계급을 타도하기 위해서는 또 다른 단계를 기다려야 한다는 것을 의미했다. 이 전략은 다른 국가에서도 마찬가지였지만, 특히 인도네시아에서 파국적인 결과를 초래했다.

인도네시아 공산당은 영향력을 확대해 노동자·농민·학생·지식인층으로부터 많은 지지자를 끌어들였다. 비록 당원으로 가입하지는 않았지만, 프라무댜는 공산당 문화조직인 레크라*의 위원회에 이름을 올렸는데, 이 조직은 전성기에 10만 명에 이르는 회원을 보유했다. 인도네시아 공산당은 1960년대 초에 당원이 2백만 명에 이르렀던, 인도네시아에서 가장 크고 잘 조직된 정치 세력이었다. 그렇지만 인도네시아 공산당은, 모스크바와 베이징이 제창한 관점을 따르기 위해 "노동계급, 농민, 프티부르주아와 민족부르주아"를 포함한 "통합된 민족 전선"을 주창하고, "사회주의적인 개혁이 아니라, 민주주의적 개혁"을 성취하는 것을 당의 임무라고 규정해야 했다(Mortimer 1974, 46). 그 결과 인도네시아 공산당은 독립성을 잃게 될 위험을 감수해야 했고, 그 지도자인 아이딧도 다음과 같이 그런 위험성을 인정했다. "민족부르주아와의 연합은 점점 가까워지는데 …… 노동자와 농민의 연대는 강하지 못하다. …… 당의 독립적 성격을 잃을 위험, 즉 당이 부르주아에 흡수될 위험이 있다." 그렇지만 같은 문건의 바로 다음 문장에서, 아이딧은 더 나아가

● **레크라**Lembaga Kebudayaan Rakyat, LEKRA__ '인민 문화 연맹'을 뜻하며, 1950년 디파 누산타라 아이딧(Dipa Nusantara Aidit, 1923~1965)을 비롯한 당원들의 주도로 결성된 급진적 문화단체 연합체다.

"당은 온 힘을 다해서 이 연합 전선을 지켜 내야 한다."라고 주장했다(Mortimer 1974, 47-48).

그 사이 수카르노는 독립 이후 권력을 잡기 위해 서로 겨루던 종교 집단, 공산주의자, 군부 등 다양한 정치 세력들 사이에서 균형을 유지하고자 계속 노력했다. 1945년 6월 1일의 연설에서 수카르노는 판차실라Pancasila(다섯 가지 원칙)를 천명해, 점차 불안정해지는 정치적 환경을 통제하기 위해 고안한 정치 전략을 철학적 언어로 성문화했다. 다섯 가지 원칙은 "신에 대한 믿음, 민족주의, 인본주의, 사회정의, 민주주의"였다(Ricklefs 1993, 209). 공산당과 제휴했고 마르크스주의에 표면적이나마 호감을 표명한 수카르노였지만, 판차실라는 "부자와 가난한 자 사이의, 무슬림과 기독교도 사이의" '상호 협력'gotong rojong에도 기반을 두었다(Kahin 1952, 126).

1957년이 되면서 수카르노는 '교도 민주주의'*라고 직접 이름

● **교도 민주주의**Guided Democracy ― 수카르노 등이 중국의 영향을 받아서 발전시킨 개념이다. 1956년에 방문한 중국의 발전상에 감명 받은 수카르노는, 마오쩌둥의 강한 지도력을 기반으로 한 정치체제가 그 근원이라 생각했고, 인도네시아의 정치적 혼란을 없애고 국가를 발전시키기 위해서는 새로운 체제가 필요하다고 생각했다. 귀국 직후 수카르노는 군부 수장인 나수티온(Nasution) 등과 상의해서 계엄령을 선포하고, 교도 민주주의 도입을 발표했다. 그 결과 전원 동의제와 수장의 지도라는 전통적인 농촌의 정치 양식이 도입되었고, 의회가 해산되었으며, 세 가지 축, 즉 군대, 이슬람 세력, 공산당(세 세력은 본문에 언급된 나사콤의 각 분야를 대표한다)이 체제를 운영하는 중심 세력이 되었다. 그러나 의회 기능은 완전히 사라지지 않았고, 세 세력에서 추천하는 정당들이 입법 기능을 계속 담당했다. 공산당과 민족주의당 등은 교도 민주주의를 지지했으며, 이슬람

붙인 체제를 출범시켰는데, 이는 그가 균형 정책을 통해 둔화시키려고 했던 위기가 깊어졌음을 암시했다. 교도 민주주의 시기에는 군부가 행정과 정치에서 점차 중심적인 역할을 하기 시작했다. 리클레프스가 주장했듯이, 이후 몇 년간 "거의 힘을 발휘하지 못한 수카르노는 다른 권력자들을 조종하고, 위협하고, 달래야만 했다. 계략과 음모가 일상적인 정치 행위가 되었고, 정치 엘리트는 영향력 있는 사람들 주위에 모여든 패거리가 되었다"(Ricklefs 1993, 257). 돌이켜 보면, 인도네시아 공산당이 수카르노와의 연계를 유지하면서 자신의 혁명적 원칙에 충실하고자 했던 바람은 실패할 수밖에 없었던 것이다.

1965년 쿠데타와 수하르토의 통치

존 필거John Pilger가 지적했듯이 "공산주의자에게 의존했던 수카르노는, 이들이 (제2차 세계대전 시기 일본군에게 훈련받았으면서도) 민족의 수호자라고 자임한 군부를 견제할 균형추가 되어 줄 것이라고 보았다"(Pilger 2002, 26). 인도네시아 공산당 역시 한편으로는 선전 문구에 혁명적 목표와 수사를 채택하면서, 다른 한편으로는 카리스마적 지도자 수카르노와 신뢰 관계를 발전시켰다. 인도네시아 공산당은

정당인 마슈미(Masyumi)와 인도네시아 사회당(PSI) 등은 반대 입장을 표명했다.

그 모순적인 정치적 태도로 말미암아 결국 몰락했다. 1965년 10월 1일, 몇몇 장교들이 쿠데타를 시도했으나 불발되었는데, 쿠데타를 시도한 것이 공산당이라는 비난이 일었다. 모르티머$^{Rex\ Alfred\ Mortimer}$의 보고에 따르면 "그날이 채 지나기도 전에, 군부의 작전 본부 책임자 수하르토는 반군을 쫓아내고 수도를 장악했다"(Mortimer 1974, 388). 모르티머는 실패한 쿠데타의 결과를 다음과 같이 기술한다.

> 수도는 충격에 빠졌다. 그 일에 관한 소문과 무시무시한 이야기들이 도시를 휩쓸었다. …… 비록 수카르노가 이 위기에 대한 정치적 해결책을 찾자고 주장하고 보복 행위를 금지했지만, 군부는 앞장서서 공산당의 활동을 금했고, 공산주의자들과 공산주의자로 의심되는 사람들을 체포했으며, 공식 직함을 가진 당원들의 자격을 정지시켰다. …… 공산주의자들과 공산주의자로 의심되는 자들에 대한 무자비한 소탕 행위는 중부 자바에서 시작된 지 얼마 지나지 않아 동부 자바와 다른 지역으로 퍼져 갔다(Mortimer 1974, 388-390).

그 뒤 1백만~3백만 명으로 추정되는 공산주의자와 급진주의자, 운동가들이 대량으로 학살되었다. 미국 중앙 정보국^{CIA}의 보고서에 따르면, "살해된 사람의 숫자로 치면, 이 살육은 20세기 최악의 대량 학살 가운데 하나다"(Pilger 2002, 25에서 재인용). 하지만 CIA는 "수하르토와 군부가 공산당의 쿠데타 시도로부터 나라의 명예를 지켜냈다는 신화와, 공산당 학살이 불러일으킨 자발적·대중적 공포를

퍼뜨린 것[을 방조했다는 점]에서 책임을 피하기 어렵다(Pilger 2002, 25-26). 자카르타 CIA 지부 부소장이었던 조지프 라자르스키Joseph Lazarsky는 이렇게 말했다. "우리는 자카르타에 누가 감금되어 있는지 잘 알고 있었습니다. 군부는 4천 명에서 5천 명에 이르는 '처형 목록'을 가지고 있었죠. [그들을 다 죽이지 않은 것은] 단지 그 목록에 있는 모든 사람을 제거할 만큼 많은 폭력배들이 없었고, 또 [죽이지 않고] 심문할 가치가 있는 이들도 있었기 때문입니다. 공산당의 기반은 거의 순식간에 파괴되었어요. 우리는 그들이 무엇을 하는지 알고 있었습니다. …… 수하르토와 그의 조언자들은 '그들을 살려 두면, 계속 먹여야 합니다.'라고 말하더군요"(Pilger 2002, 30에서 재인용).

    비극적이게도, 인도네시아 공산당은 변변히 싸우지도 못한 채 무너졌다. 모르티머는 이 상황을 다음과 같이 설명했다. "분산되고 분쇄된 지도부는 당을 결집하거나, 그 구성원들이 학살되는 상황에 대처할 능력을 잃어버린 것 같다. 지도부는 마지막까지 수카르노가 그들을 구해 줄 것이라고 믿은 채 잠적했고, 사실상 활동을 중지했다"(Mortimer 1974, 390).

    전국을 휩쓴 이 사태는 프라무댜의 삶도 완전히 뒤바꿔 버렸다. 그는 10월 13일에 무장한 폭도들에 의해 체포되어 육군 작전 지휘소를 거쳐 자카르타의 지역 군 사령부 기지로 보내졌다. 그의 서재가 수색당했고, "수천 권의 책과 문서, 그리고 수년간 축적된 연구"가 불에 타 재가 되었다(Samuels 1999, xix). 그리하여 프라무댜는 41세의 나이에 투옥되고, 또 부루라는 외딴 섬에 보내져 14년 동안 유배 생활을 했다. [『벙어리의 독백』을 비롯해 프람의 여러 작품을 영어로 옮긴] 윌렘 새뮤얼스Willem Samuels의 말처럼, 심지어 이런 극심한 억압과 상실에 둘러싸인 조건 속에서도 "그는 어떻게든 글을 써냈고, 그에게 호의적인 사제와 방문자들의 도움을 받아 다섯 권의 소설[그중 네 권이 그 유명한 '부루 4부작'이다. _원주], 한 권의 희곡, 그리고 수천 쪽에 이르는 글들을 몰래 내보낼 수 있었다"(Samuels 1999, xxi).

인류 역사상 가장 잔혹하고 억압적인 체제 중 하나인 수하르토 장군의 군사독재가 30년 넘게 유지될 수 있었던 것은 상당 부분 서구 열강의 자비 덕분이었다. 수하르토의 인도네시아는 오랫동안 서구 자본가들, 그리고 국제통화기금IMF과 세계은행World Bank 같은 이들의 기관에 의해 '모범생'으로 여겨졌다. 필거가 표현했듯이 "아시아의 세계화는 인도네시아에서 벌어진 무차별 학살 속에서 탄생했다"(Pilger 2002, 28). 이 시기에 세계은행은 3백억 달러가 넘는 돈을 수하르토 체제에 제공했는데, 세계은행의 내부 비밀문서에 따르면 그중 20~30퍼센트가 수하르토와 그의 친인척 명의의 금고로 들어갔다고 한다(Pilger 2002, 20). 미국·영국·오스트레일리아 정부는 수하르토 독재 체제가 인도네시아에 '안정'을 가져왔다며 칭찬을 아끼지 않았다. 심지어 마거릿 대처Margaret Thatcher는 그를 가리켜 "우리에게 가장 소중한 최고의 친구 중 하나"라고 불렀다.

1975년 수하르토가 이웃한 작은 섬 동티모르를 침입하고 점령한 일은, 그가 [집권] 초기에 권력을 강화하기 위해 저지른 숱한 범죄 못지않게 잔혹했다.* 이제는 잘 알려졌지만, 인도네시아 군부는 인도네시아를 방문했던 미국 대통령 제럴드 포드Gerald Ford와 국무장관 헨리 키신저Henry Kissinger가 떠나자마자 몇 시간 만에 인구 60만의 이 나라를 침략했다. 인도네시아 군부가 불과 5년 만에 이 지역 인구의 거의 3분의 1을 학살했음에도, 미국·영국·프랑스·오스트레일리아를 비롯한 서구 열강은 인도네시아 군부에 무기·자금·훈련을 계속 제공했다.** 동남아 전문가 베네딕트 앤더슨은 다음과 같이 말한다.

> 침략에 사용된 무기의 90퍼센트는 미국에서 들여왔다. 인도네시아 밖에서 이 무기를 사용하는 것은 1958년의 미국-인도네시아 협정에 따라 명백하게 금지되었지만, 워싱턴[미국 정부]은 CIA를 통해서 자카르타[인도네시아 정부]의 [동티모르] 침략 준비에 대해 잘 알고 있었음에도 그 [협정] 위

---

* 20세기 초 현재의 인도네시아 전역은 네덜란드의 식민지였지만, 티모르 섬 동쪽(동티모르)만은 포르투갈의 식민지였고 인도네시아가 독립한 이후에도 포르투갈 식민지로 남아 있었다. 1974년 포르투갈 정부는 동티모르를 점령하려는 인도네시아군의 위협에 맞서 동티모르의 독립을 추진했지만, 인도네시아 정부는 1975년에 무력으로 동티모르를 점령했다. 독립을 원하는 동티모르 인들과 인도네시아군의 전쟁으로 수만 명이 학살당하거나 굶어 죽었다. 미국 정부는 인도네시아의 동티모르 점령을 묵인했고, 심지어 무기를 지원하기까지 했으며, 오스트레일리아를 비롯한 다른 서방국가들도 이에 반대하지 않았다.
** [원주] 인도네시아의 동티모르 점령에 대한 훌륭한 설명으로는 Pinto and Jardine(1997) 참조.

반을 모른 척했다(Anderson 1998, 133).

인도네시아 정부가 티모르 저항 투사들[의 거점]을 공중폭격하기 위해 [1960년대부터 미군이 사용한] 브롱코 전투기를 제공하라고 줄기차게 요구했을 때, 카터 행정부는 군수물자에 대한 수출 금지 조치가 발효 중이라고 의회와 대중을 속이고서는 몰래 그들의 요구를 들어주었다(Anderson 1998, 133). 프라무댜는 표리부동한 태도를 취하며 인도네시아 독재 정권을 묵인한 미국 정부를 지켜보며 분노를 키웠다.

1998년 5월 수하르토가 대통령직을 일곱 번째 연임하는 선서를 한 뒤 몇 주 지나지 않아 그의 잔혹한 통치가 종결을 고하자,* 수하르토 체제의 안정성을 확신했던 서구 열강은 갑작스러운 충격

---

* 수하르토 정권이 붕괴된 원인은 여러 가지로 설명될 수 있겠지만, 다음과 같은 몇 가지 요인이 복합적으로 작용했다고 할 수 있다. 우선 냉전이 종식되었고 이에 따라 서방세계의 지원이 약화되었다. 냉전 시기 수하르토 정권은 서방세계의 우방으로 칭송받았고, 따라서 인도네시아 국내의 인권 문제나 학살 등은 철저히 베일에 가려 있었다. 그러나 냉전이 종식되면서 수하르토 정권에 대한 서방세계의 맹목적 지지가 약해졌고, 인도네시아의 인권 문제, 특히 동티모르에서의 잔혹 행위가 세계적으로 지탄의 대상이 되었다. 1997년의 경제 위기는 '개발의 아버지'라는 수하르토의 이미지를 무너뜨렸고 시위와 소요 사태가 이어졌다. 이런 와중에 수하르토 정권의 기반이라고 할 수 있는 군부가 등을 돌리면서 수하르토는 물러날 수밖에 없는 상황이 되었다. 그러나 옮긴이 후기에 언급했듯이 수하르토가 몰락했어도 인도네시아의 권위주의 정치체제는 종식되지 못했다. 군부는 여전히 인도네시아의 핵심 권력을 장악하고 있다.

에 직면했다. 끔직한 경제 위기 직후, 학생들이 주도한 대중 봉기가 수하르토 체제를 무너뜨린 것이다.* 5월 12일, 저격수들이 트리삭티Trisakti 대학 학생들에게 총격을 가해 네 명이 사망했다. 오스트레일리아의 사회주의자 톰 오링컨Tom O'Lincoln은 이후 일어난 일을 다음과 같이 묘사했다.

> 학생들이 거리로 몰려나왔고, 여기에 노동자·실업자·빈민이 가세했다. 경찰이 이들을 막아서면서 시가전이 시작되었다. 나는 1969년 이후 처음으로 최루탄을 경험했다. 시내 중심의 아트마자야Atmajaya 대학 부근에서는, 사무직 노동자도 학생들을 지지하기 위해 자리를 박차고 거리로 뛰어나왔다. 소요는 해 질 녘까지 확산되었고, 다음날 자카르타가 불타올랐다. 자카르타 인근까지 영향을 받지 않은 곳이 거의 없었다. 어떤 동네는 마치 전장처럼 보였다. 결국 독재 체제에 균열이 생겼다(O'Lincoln 2003).

이 봉기는 평범한 인도네시아 인들이 억압과 폭정에 맞섰던 긴 투쟁의 역사에서 가장 최근의 이야기다. 그럼에도 아직 이루어지지 않은 것이 너무 많다. 이 책에서 프라무댜가 하는 얘기들은, 인도네시아 역사에서도 가장 격동적인 시기를 살아온 작가이자 실천가에게서 예상할 수 있는 어떤 절박함을 전해 준다.

---

* [원주] 수하르토가 몰락하는 과정을 살펴보려면 Arnove(1998), O'Lincoln(2003) 참조.

오링컨의 이야기는 다음과 같이 이어진다. "그러나 5월의 소요는 단지 불완전한 봉기일 뿐이었다. 물론 정부를 겨냥한 놀랄 만한 행동들이 있기는 했다. 그러나 한편으로 이 봉기는 인종주의적 폭동, 강간, (정치와 무관한) 대중적 약탈 등을 수반했고, 봉기의 많은 부분은 [자발적이기보다는] 조직된 것이었다." 그래서 '개혁'Reformasi 운동은 모순적이었다. 수하르토 체제에서 축적된 분노를 표출했지만, 인도네시아 엘리트의 지배를 대체할 만한 해방적 대안을 제시하지는 못했다. 반反중국계 소요, 광적인 군중이 환호하는 가운데 집단 강간을 당한 여성들의 이야기, 혼란과 약탈 등은 향후 진로에 대한 개념이 거의 없는 운동의 징후를 보여 주었다. 결국 돌이켜 보면 이 봉기는 해방적 혁명의 성격을 띠는 듯했지만, 애초부터 엄청난 과오로 얼룩졌고 방향 또한 잘못 설정되었다. 예컨대 인도네시아의 현직 대통령인 수실로 밤방 유도요노●는 전직 군 장성이고, 1965년 쿠데타와 그 뒤에 이어진 학살에서 지도적 역할을 했던 위보워Sarwo Edhie Wibowo 장군의 사위다. 인도네시아에서 군부의 영향력은 약화되지 않은 것으로 보이고, 고위층의 부패는 이전만큼, 아니 어쩌면 더 두드러진다. 그러므로 앞으로 나올 대화에서 프라무댜가 현재 인도네시아 정치와 문화의 파탄에 대해 분노하더라도 전

● **수실로 밤방 유도요노**Susilo Bambang Yudhoyono, 1949~ ___ 인도네시아의 군인이자 정치인. 1975년 동티모르 침공에 참여하기도 했다. 2000년 퇴역했고, 2004년 최초로 치러진 대통령 직접선거에서 6대 대통령으로 당선되었다.

42 작가의 망명

혀 이상할 것이 없다. 그가 지적하듯이 어떤 면에서 신질서는 (죽은 것처럼 보였지만) 새롭게 태어났다. 해방의 정치가 특히 인도네시아 젊은이들 사이에서 부활하지 않는다면 신질서는 인도네시아의 사회적·경제적·문화적 영역에서 활력을 희생시키면서 그 지배를 계속 유지할 것이다.

서장

자카르타에서의 만남

안드레 블첵

20세기는 끊임없이 벌어진 테러와 폭력, 거짓과 배반으로 점철된 시기였다. 전 세계 사람들은 "수천 번 반복되는 거짓은 진실이 된다"는 것과, 잔혹한 점령이 종종 '해방'이라고 표현될 수 있다는 것을 배웠고, 수백만 명의 무고한 사람들을 학살한 정치 지도자들이 인본주의와 문명을 고양하고 국가의 이익을 드높이기 위해 그랬다면서 자신을 변호하는 장면을 목도했다. 수백만 명의 남녀가 시체 소각로에서, 수용소에서, 전장에서, 혹은 폭격당한 도시의 잔해 속에서 사라져 갔다.

그렇지만 20세기가 그런 잔혹함으로만 기억되는 것은 아니다. 약탈과 혼란 속에서도 굳세게 선 채 모든 어려움에 맞서며, 자신을 지킬 수 없는 이들과 독재의 희생자를 지켜 낸 특별한 사람도 있었다. 그들은, 인류에게 주어진 가장 강력한 저항의 도구인 지식과 진실로 무장한 채, 선동과 군사주의와 경제적 수탈에 맞서 싸웠다.

그 과정에서 어떤 이는 죽어 갔고, 또 어떤 이는 고난을 이겨 내고 살아남았다. 많은 사람들이 독립과 저항운동의 상징이 되었다. 그들은 선지자나 종교 지도자가 아니었다. 그들은 용감했지만 비이성적 믿음을 배격했다. 『페스트』The Plague의 마지막 장에 알베르 카뮈Albert Camus가 썼듯이, "그들은 성자聖者가 될 수 없었기 때문에, 의사가 되었다."●

전 세계가 약탈당하고 무고한 이들이 투옥되거나 몰살당하던 그때, 신념을 가진 이들은 줄기차게 광기의 징후를 식별해 그 병을 진단하고, 치료법을 찾으려고 했다. 간결한 이성의 언어로 거짓에 맞섰고, 정확한 사실로 근거 없는 통념을, 진실로 광신을 무너뜨렸다. 어떤 이는 냉소를 띤 채, 또 어떤 이는 긴장된 표정으로 광기에 맞섰다. 무장 봉기를 통해 이성과 진실을 수호한 이들도 있었다. 거의 들리지 않는 목소리도 있었지만, 이조차 전 세계의 수백만 사람들의 마음속으로 스며들었다.

이들은 유럽과 미국, 아프리카와 아시아 등 세계 곳곳에서 태어났다. 대개 희생자의 자녀였지만, 가해자의 자녀도 꽤 있었다. 출신과 무관하게, 그들의 메시지에는 언제나 보편적인 원칙 하나가 담

● 카뮈는 『페스트』에서 '종교 없는 성자'라는 개념을 제시하고 있다. 무신론자이지만 성자가 되고 싶어 하는 소설 속 인물 타루가 생각하는 '성자'란 종교적인 평화를 찾는 인물이 아니라, 현실에서 타인을 위해 자신을 바치는 사람들이다. 소설에서는 페스트로 격리된 마을에서 환자들을 위해 싸우는 의사 리외 같은 인물이다.

겨 있었다. 모든 사람은 피부색이나 인종, 국적이나 성별, 지위나 물질적 부와 관계없이 평등하다는 것이다.

정치 세력, 종족 집단, 문화, 언어 등이 다양한 도서島嶼 국가 인도네시아는 수 세기 동안 식민 지배자에게 수탈당했고, 제2차 세계대전이 지나서야 통합된 국가를 세웠다. 1945년 자결自決을 향한 영예로운 첫걸음을 디딘 이래 20년간 짧지만 진정한 독립기를 맞이했으나, 1965년 발생한 쿠데타는 인도네시아를 군부독재의 테러 속으로 몰아넣었다. 많은 학교 선생들이 살해되고, 영화사와 극장이 폐쇄되었으며, 중국어를 비롯해 중국 문화를 상징하는 거의 모든 것이 불법화되었다. 공산주의자, 진보주의자, 소수 인종, 무신론자 등을 포함한 수십만, 어쩌면 수백만 명이 목숨을 잃었다. 이 불행한 나라를 정치적·종족적·종교적 불관용이 지배하기 시작했다.

이런 시기를 거치면서, 자신의 의견을 주장하고, 의문을 제기하며, 비교하는 능력은 사라졌다. 창의성은 불신되고 붕괴되었으며, 다양성은 바람직하지 않은 것으로 받아들여졌다. 해외여행도 경제·정치 엘리트들이나 누릴 수 있었는데, 이는 신질서 시기든 신질서 이후 시기든 다를 바가 없었다. 결국 인도네시아 사회는 붕괴했다. 대다수 인도네시아 인들은 전기도 들어오지 않고, 안전한 식수조차 구하기 어려운 비참한 환경에서, 하루에 미화 2달러도 안 되는 돈으로 생활하고 있다.* 이런 진실을 드러내는 것은 거의 허용되지 않는다. 예술가들은 현실에 안주했고, 언론은 자기 검열에서 자유롭지 않았다.

1965년 이후 40여 년 동안, 부드러운 어투를 지닌 중부 자바 출신의 한 소설가는 수많은 책을 쓰면서, 고통 받는 조국의 본질과 역사를 정의하려고 노력해 왔다. 감옥에서도, 수용소에서도, 가택 연금 상태에서도, 그는 글쓰기를 멈추지 않았다. 그는 창 밖 세상의 상황에 대해 격분하고 실망한 채 '내적 망명' 상태에서 글을 썼다. 그의 많은 책들은 불타 버렸고, 타지 않고 남은 책은 금서가 되었다. 후에 그는 자신의 글쓰기를 독재에 대한 일종의 도전으로 여겼다고 말했다. 그가 남긴 모든 작품에는 다음과 같은 공통된 주제와 메시지가 담겨 있다. "식민주의와 제국주의는 언제나 옳지 않다. 자기 동포를 약탈해 자신의 부를 늘리는 엘리트들은 비도덕적이다. 인간은 자신의 존엄을 지키기 위해 불의에 맞서 싸워야 한다."

건국된 지 얼마 되지 않았고 혼란스러웠던 인도네시아에서 역사는 왜곡·손상되었으며, 통합이라는 문제는 공통된 이상이나 문화보다는 권력에 대한 자바인들의 욕망과 지리적 고려에 의해 좌우되었다(62쪽 각주 참조). 이런 상황에서 인도네시아의 가장 위대한 작가로 꼽히는 프라무댜 아난타 투르가 테러와 불의에 대항해 인도네시아를 통합하고자 도덕적 저항의 목소리를 높이는 것은 당연한 일이다.

● 세계은행의 자료에 따르면, 인도네시아에서 하루 2달러 이하로 생존하는 사람의 비율은 2006년 62.8퍼센트, 2009년 50.6퍼센트에 달했다. http://data.worldbank.org/indicator/SI.POV.2DAY 참조.

* * *

2003년 12월 동부 자카르타에 있는 그의 집에서 프람과 처음 만났다. 당시 우리는 1965년 미국의 지원을 받아 군부 쿠데타가 발발한 이후 인도네시아 지식인들이 살해당하고 투옥되었던 일을 다룬 장편 다큐멘터리 〈잠들다 : 민족의 파괴〉 Terlena : The Breaking of a Nation를 준비하고 있었다. 프람을 만난 것은, 동남아시아에서 가장 중요한 작가라고 할 수 있는 그가 이 계획에 참여하도록 설득하기 위해서였다. 그는 인도네시아라는 광대한 신생국가가 형성되는 과정에서 나타난 부정적인 측면을 비판함으로써 인도네시아의 본질을 정의하는 데 일생을 바쳤다. 수하르토 정권에 대해서도 "도덕적으로 부패"했다며 주저 없이 비판했다. 그는 수십 년을 감옥과 수용소에서, 또는 가택 연금 상태로 보냈다. 그의 원고들은 수하르토 정권에 의해 불타 없어졌고, 그의 책들은 1999년까지 인도네시아에서 금서였다.

두 명의 젊은 인도네시아 언론인과 함께 그의 집에 도착했는데, 이들도 인도네시아 문학의 거장과 만난다는 사실에 흥분을 감추지 못했다. 두 사람은 프람이 "극도로 참을성이 없고, 격정적이며, 심지어 오만하기까지 한 것으로 유명하다."라며 매우 걱정하고 있었다.

적어도 30분은 기다려야 만날 수 있을 거라는 말을 듣고 기다리던 중에 프람의 동생이 나타났다. 그는 영어로 얘기하기를 거부했지만, 다 알고 있다는 듯한 표정으로 러시아어로 내게 말을 걸었다. "미국인인 당신이 러시아어를 할 리는 없겠지만, 여기서 대체 무엇을 하려는지 궁금하군."

내가 유창한 러시아어로 "당신 형님에게 1965년에 일어난 사건을 다룰 다큐멘터리 영화에 참여해 달라고 설득하러 왔습니다."라고 대답하자, 그는 잠시 멈칫했다. 그가 환한 웃음을 지으며 앉자 서먹한 분위기도 일순에 사라졌다. 그러고는 "아주 좋군요."라면서 "나가서 보드카를 좀 가져올까요?"라고 물었다. 친절한 제안이었지만 거절할 수밖에 없었다. 아직 이른 아침이었다.

갑자기 프람이 부인과 몇몇 친척을 대동하고 나타났다. 그는 쇠약해 보였고, 면도도 하지 않은 상태였다. 그리고 골초인 듯 정향 담배를 연달아 피워 댔다. 게다가 소리를 거의 듣지 못하는 상태였기 때문에 귀에 대고 소리를 지르며 질문해야 했다. 점점 해가 떠오르면서 햇볕이 지붕과 벽에 사정없이 내리쬐자 땀이 엄청나게 흘렀다. 대부분의 자바 가정집처럼 그의 집에는 에어컨이 없었다.

프람은 몇 가지 질문을 던졌고, 촘스키Noam Chomsky의 책들과 『제트 매거진』,* 세계사회포럼**에 대해서도 이야기를 나눴다. 그는

---

* **『제트 매거진』**Z Magazine__ 인종·성·계급·정치 등을 다루는 진보 성향의 잡지로, 1987년 미국에서 창간되었다. '제트'라는 명칭은 그리스 인민에 대한 억압과 저항을 그린 코스타 가브라스[Costa (Konstantinos) Gavras, 1933~] 감독의 영화 〈제트〉(Z)에서 온 것이다.
** **세계사회포럼**World Social Forum__ 신자유주의에 대한 대안과 좀 더 민주적이고 평등한 세계를 만들어 갈 방안을 모색하고자 다양한 생각을 나누고 토론하기 위한 모임으로

내게, 인도네시아 과거사의 진실을 파헤치는 것을 도와주려 한 촘스키에게 감사를 전해 달라고 했다. 그러고는 촘스키가 몇 살인지 물었다. 우리가 답하자, 그는 웃으면서 "73세요? 좋을 때입니다. 나에 비하면 그는 아직 젊군요."라고 말했다.

그의 행동에서 어떤 오만함도 엿볼 수 없었다. 오히려 그는 마음이 따뜻하면서도 풍자적이고, 명랑하고, 농담을 잘하며, 표정도 풍부한 사람이었다. 가끔씩 그가 자신의 기억 속의 세계로 들어가 버릴 때면 대화가 멈추고 침묵이 길어지기도 했다. 그럴 때 그는 맞은편 벽의 어딘가에 시선을 고정시킨 채, 담배를 쥔 손으로 수염이 가칠하게 난 얼굴을 쓰다듬고는 했다.

인도네시아 언론에 대해 묻자, 그의 목소리가 달라졌다. "나는 더 이상 그들을 참을 수가 없습니다. 나를 찾아와 온갖 멍청한 질문들을 해대죠. …… 그들은 자기들이 무슨 얘기를 하는지도 몰라요. …… 정말이지 상대하기도 싫습니다."

그는 영화에 참여해 달라는 우리의 제안을 기꺼이 수용했고, 자신이 주로 머무는, 자카르타에서 멀리 떨어진 교외에 위치한 데폭Depok 시 보종 게데Bojong Gede의 외딴 집에 우리를 초대했다.

잠시 후 그의 표정이 다시 바뀌었다. 갑자기 그가 무척 늙고 쇠약해 보였다. "가끔씩 나는 내가 고립되어 있다고 느낍니다. 나만의

2001년 이래 연례적으로 열리고 있다.

세계에 살면서, 마치 내적 망명 상태에 있는 것 같아요. 내가 진정으로 생각하는 것에 대해 사람들이 여전히 관심이 있을지 모르겠습니다."

나는 그에게, 사람들은 과거에 그랬듯이 지금도 당신의 생각을 알고 싶어 하고, 특히 그의 문학적 침묵이 오랫동안 이어진 지금 아마도 수십만 명의 전 세계인이 그의 생각을 읽기를 바랄 것이라고 얘기했다. 그러자 그는 "나는 이제 어떤 것도 쓰지 않을 겁니다."라고 말했다. "할 수가 없어요. 절대 쓸 수가 없습니다. 내 마지막 책은 그저 내가 몇 년 전에 중요한 정치·문화계 인사들에게 보낸 오래된 서신의 모음집이 될 겁니다."

나는 즉시 이렇게 대답했다. "그러면 우리가 함께 책을 쓰면 어떨까요? 나는 인도네시아에서 몇 달간, 어쩌면 몇 년간 일을 할 겁니다. 우리가 함께 과거를 재구성하면 어떻겠습니까? 세부적인 내용에 대해서는 별로 신경 쓸 게 없다고 생각합니다. 선생님의 나라에서 일어난 일의 본질에 대해 함께 찾아볼 수 있습니다. 늘 말하고 싶었지만 하지 않았던 이야기들을 한 번 해보지 않겠습니까?"

놀랍게도, 그는 조금도 주저하지 않고 "그러면, 합시다."라고 동의했다. 하지만 그와 미국인인 내가 "서로에게 도움이 될지" 의심스러워하기도 했다. 결국 수카르노를 끌어내리고 인도네시아를 파괴했던 게 미국이었다는 점을 생각하면, 그가 우려하는 것도 당연했다.

그의 집을 나설 때쯤, 그는 원래 그날 오후 늦게 버스로 자바를 여행하려 했다고 고백했다. "인도네시아를 다시 보고 싶습니다." 우리가 일어나 악수를 청할 무렵, 그는 지쳐서 거의 쓰러질 지경이었다. 나는 그를 부축해서 친척들에게 데려다 줘야 했고, 그의 몸이 너무나 쇠약한 것에 충격을 받았다.

인파로 가득 찬 자카르타 중심부로 돌아와서야 막중한 책임감을 실감했다. 『해변에서 온 소녀』 The Girl from the Coast 와 '부루 4부작'의 저자이자, 인도네시아 건국자의 한 명이며, 수하르토 체제에 헌신적으로 반대했던 프람의 마지막 이야기와 생각을 우리가 세상에 전하게 되었기 때문이다.

두 달 후 그의 집 어두운 거실에 놓인 커다란 원형 탁자에 둘러앉자 모든 우려가 사라졌다. 두 대의 녹음기가 돌아갔고, 그가 끊임없이 만들어 내는 담배 연기가 공기를 물들이고 천장을 어루만졌다. 그는 거의 우리를 쳐다보지 않았다. 때로 그가 우리의 존재를 잊고 있는 게 아닌가 하는 생각마저 들었다. 그는 우리의 질문이 마치 미지의 어딘가에서 흘러나오는 것처럼 받아들이는 듯했다. 그의 마음은 머나먼 과거에서, 우리 두 사람이 너무 어려서 기억할 수 없는 나라, 즉 또 다른 인도네시아를 여행하고 있었다. 우리는 영원히 사라져 버린 상상의 나라, 그의 인도네시아에 있었다.

이 작업을 하는 과정은 힘들고 고통스러웠다. 프람은 쉽게 지쳤고, 종종 같은 생각을 몇 번이고 되풀이해 말하곤 했다. 과거를 기억하면서 화를 내고 좌절했다. 때로 그의 눈가에는 눈물이 고였다. 인도네시아에 걸었던 모든 희망이 무너진 듯했다. 한번은 그가 네덜란드와 일본의 식민주의가, 현재 인도네시아 인 엘리트가 무자비하게 저지르는 약탈보다 나았다고 단언했다. 내가 그의 말을 정확히 알아들은 것인지 확인하고 싶었다. 이 나라의 창시자 중 한 명이자, 식민주의를 경멸하는 사람에게서 기대할 수 있는 발언이 아니었기 때문이다. 그러나 프람은 자신의 말을 번복하지 않았다. 이 광활한 군도에 사는 사람들에게, '자바주의'와 자바 제국주의가 외국 식민 지배보다 훨씬 더 가혹했다는 것이다.

그는 끊임없이 차를 마시고 담배를 피워 댔다.

그는 자신에게 'ㅇㅇ주의자'라는 꼬리표를 붙이는 것을 거부했다. 그는 마르크스주의자일까? 그는 확신에 찬 목소리로 "아니오, 나는 프람주의자입니다."라고 대답했다. 인도네시아에서 종교는 프람조차 공개적으로 비판하기를 꺼리는 유일한 영역이지만,* 그는 종교를 믿지 않는다. 그리고 어떤 정당에도 속해 있지 않다. 그의 생각에 가장 가까운 문학 조류는 사회주의적 리얼리즘이며, 그가 공감하는 사회체제는 아시아나 미국이 아니라 현재의 유럽에서 찾아볼 수 있다.

---

* 인도네시아는 세계에서 가장 무슬림이 많은 나라이지만, 이슬람을 국교로 채택하지 않았다. 그러나 판차실라의 다섯 가지 원칙에 '신에 대한 믿음'이 있는 데서 알 수 있듯이, 종교는 인도네시아에서 중요한 위치를 차지한다. 여기서 '종교'란 이슬람교·기독교(가톨릭 포함)·유교·힌두교·불교의 5개 '세계 종교'를 의미하며, 그 밖의 신앙을 가진 사람들은 5개 종교의 하나로 개종하도록 압력을 받아 왔다. 무신론자는 특히 배척의 대상이 되는데, 때로는 공산주의자로 의심받기도 했다.

그가 뭔가 말하고 싶어 하고, 말을 해야만 했다는 것은 명백했다. 수십 년간 묻는 것조차 금기시되었던 질문들을 그에게 던짐으로써, 그가 그동안 쌓은 지식과 고통의 짐을 떨칠 수 있도록 도우려고 했다.

작가로서, 사상가로서, 역사가로서, 또 언론인으로서 그는 독립된 인도네시아를 위해 싸웠고, 이를 건설하는 데 엄청난 노력을 기울였다. 그는 인종차별주의적 애국주의의 공허한 언어가 아니라, 노동과 투쟁을 통해서 조국에 대한 그의 사랑을 표현했다. 그는 수카르노를 존경했지만, 소수민족인 중국인들이 수카르노 정권 아래에서조차 위협받을 때[•]는 침묵을 지키기보다 감옥에 가는 것을 택했다. 1965년에 군부가 테러 행위를 방치하고 일반 시민조차 종교적·종족적 학살 행위에 가담하면서 인도네시아가 무너져 갈 때, 프람은 부루 섬의 수용소에 감금된 상태에서도 그의 가장 위대한 작품 중 일부를 집필했고, 그렇게나마 인도네시아라는 신생 독립국의 본질과 정신을 보존하려고 했다.

오늘날 인도네시아에서 그는 거의 알려져 있지 않다. 그는 총체적으로 고립되어 그만의 '내적 망명' 속에서 살고 있다. 지난 40년

• 비동맹 노선과 아시아-아프리카 회의 과정에서 나타나듯 수카르노는 냉전 시기에 서방 세계보다는 공산권, 특히 중국과 친밀한 관계를 유지했다. 그러나 수카르노 시기에도 인도네시아 내 중국인들에 대한 박해가 자행되었는데, 이는 주로 이들이 가진 상업적·경제적 지위를 국가에 예속시키기 위해서였다.

간의 자유 시장경제, 도처에 만연한 정치적 선전, 그리고 문화와 지성주의의 파괴 등으로 말미암아 황폐해진 지적 풍토 속에서 진실로부터 도망치기를 원하는 사람들에게 프람의 생각은 두려운 것이 되었다. 그는 국민들이 도덕적·지적으로 억눌린 나라에서, 보이지 않는 거인이 되었다.

그렇지만 인도네시아의 상황도 결국 달라질 것이다. 공포는 점차 사라지고, 사람들은 다시 여러 질문을 던지며 자신의 권리를 주장할 것이다. 그렇게 되면 인도네시아 인들은 이 상처 받은 땅을 다시 가꾸기 위해, 그 기반이 될 원칙을 가진 사람들을 찾아내고자 자신들의 과거를 탐색할 것이다. 놀랄 만한 창의성과 도덕적 순결, 인본주의와 용기로 가득 찬 인물인 프람은, 그때 다시 한 번 민족의 아버지의 한 명이자, 민족의 아들이 될 것이다. 그의 귀환은 곧 인도네시아의 부활을 의미할 것이다.

2005년 10월 28일, 자카르타에서

* * *

지금까지 인도네시아의 독재, 그리고 그것이 선생님과 주변 사람들에게 끼친 영향에 대해서 특별히 쓴 게 있습니까?

편지와 노트에, 그리고 가끔씩 책 속에서 쓰기는 했죠. 이런 글들은 나의 내면에서 직접 나오기는 했지만, 직접적인 기억에 대해 쓴 적은 없습니다.

혹시 문답 형식으로 된 책을 출간한 적이 있습니까?

없습니다. 잡지나 신문에서 인터뷰가 실렸던 적은 있죠. 그렇지만 이런 형식으로 책을 만들겠다는 생각은 마음에 듭니다. 다만 당신과 이 책을 쓰는 데 문제가 하나 있을 것 같군요. 당신은 미국인입니다. 미국은 인도네시아를 붕괴시키는 데 핵심적인 역할을 했죠. 과거에 인도네시아는 독자적인 길, 즉 수카르노 대통령이 주창한 발전 방식을 선택했습니다. 그런데 미국이 어떻게 대응했나요? 당시 미국 대통령 아이젠하워가, 자유롭게 선출된 인도네시아 대통령을 물러나게 하도록 명령을 내렸어요!* 내가 알기로 미국에서는

• 미국은 1950년대 중반 수카르노가 주도한 비동맹 노선이나 외국자본의 국유화 등에 반대했고, 이런 흐름을 제지하기 위해 수카르노 정권을 무너뜨릴 방안을 모색해 왔다. 그 일환으로 미국은 이 시기 수마트라와 술라웨시 등지에서 페에르에르이/프르메스타 반란이 일어났을 때 반군을 군사적·경제적으로 지원했다.

여전히 수카르노를 미워하고 있습니다. 수카르노 자신도 식민 지배의 산물이면서, 식민주의와 제국주의, 자본주의를 강하게 비판한다는 이유로 말이죠. 이런 점에서 나는 우리가 갈등 없이 이 책을 같이 쓸 수 있을지에 대한 확신이 서지 않는군요. 물론 내가 감옥과 수용소에 있을 때 미국인들의 도움을 받기도 했습니다만.

바로 그렇기 때문에 선생님과 함께 이 책을 만들고 싶은 겁니다. 과거에 대해서, 그리고 그 과거가 현재에 어떤 영향을 끼쳤는지에 대해서 인도네시아와 서구에 있는 독자들에게도 진실을 말해 줘야 하니까요.

알겠습니다. 그럼 책을 쓰도록 같이 노력해 봅시다. 사실 얘기할 게 무척 많습니다. 우선 젊은 세대, 그리고 수하르토가 물러날 때까지 투쟁했던 학생들에 대해서 얘기하고 싶어요. 그리고 다른 시대, 곧 사람들이 쫓기고, 살해당하고, 바다에 버려진 시대에 대해서도 얘기하고 싶습니다. 나는 언론을 이용할 수도 없고 나를 지원할 단체도 없어요. 혼자 속만 태우고 있죠. 당신들이 여기 왔으니 이제 얘기할 수 있겠군요. 당신들을 붙잡고, 몇 십 년간 내 안에 쌓인 모든 좌절과 저주를 털어놓을 수 있게 되었습니다.

1
1965년 이전
역사, 식민주의, 수카르노 시기

반식민지 투쟁 시기 선생님은 어떤 인도네시아를 꿈꾸었나요? 네덜란드와 일본으로부터 독립하기 위해 싸우면서 무엇을 기대했나요?

나는 식민 체제에 반대한 좌파 민족주의 집안에서 자라났습니다.• 우리가 꿈꾼 것은 독립된 민주국가였습니다. 그것을 위해 싸워야 한다고 어릴 때부터 들어 왔죠. 내 신념은 항상 좌파 쪽으로 기울었습니다. 그래서 인민의 요구를 외면하고 권력을 좇는 일은 절대 하지 않았습니다.

문화와 언어가 매우 다양하고 규모가 큰 나라를 통합하는 일은 얼마나 어려웠나요? 지금은 진정으로 통합된 겁니까?

처음에 몇 개 민족이 서로 단결해 인도네시아라는 하나의 큰 국가

• 프람의 아버지는 자바 하급 귀족 출신으로 부디 우토모에서 활동했다(26쪽 각주 참조).

를 만들자는 원칙에 합의했습니다. 예외라면 몰루카 군도처럼 네덜란드 지배 아래 남아 있던 몇 개의 군소 국가들이었죠. 그런데 실제로는 생각보다 쉽지 않았어요. 민족 간에 문화도 서로 달랐고, 목표도 제각각이었던 거죠.

새로운 국가에서 가장 심각한 문제는 열악한 교육 수준이었습니다. 교육이 무엇을 의미하는지조차 제대로 이해하지 못했습니다. 가족[제도]은 개인주의가 형성되는 데 방해가 되었습니다. 아체*를 제외하고는 개인적 진취성이 발휘되고 모험적 도전이 이루어지는 곳을 찾아보기 힘들었습니다. 그 결과 '집단주의'가 팽배해졌죠. 사람들은 어떤 집단에 속해 있을 때에만 용기를 얻고, 집단의 일부가 되어야만 싸울 엄두를 냈습니다. 마을끼리 서로 싸우고, 지역은 다른 지역과 싸우고, 학생들은 다른 학생들과 싸워 왔습니다. 하나같이 개인주의와 개성이 부족해 생긴 일입니다.

● **아체**|Aceh___ 수마트라 북부 해안에 위치한 이 지역은 흔히 인도네시아에서 가장 '투쟁적'인 지역으로 유명하다. 인도네시아는 지역마다 식민 지배 기간과 지배 성격이 달랐는데, 아체에서는 20세기 초반까지 네덜란드가 수십 년간의 전쟁을 거친 뒤에야 점령을 완료할 수 있었다. 1945년 이후 네덜란드가 인도네시아를 '수복'하기 위해 돌아왔을 때도 아체에는 진입하지 않아 독립적 위치를 유지할 수 있었고, 그 때문에 '혁명기'에 인도네시아 독립을 상징하는 지역이 되었다. 독립 이후 독자적인 이슬람 법과 관습에 기반을 둔 사회체제를 유지하려고 했기에 중앙정부와 충돌을 빚었고, 1950년대에 이슬람 국가를 위한 반란(다룰 이슬람, Darul Islam)이 일어나자 이에 가담하기도 했다. 현재에도 파푸아·암본 등과 함께 인도네시아의 분쟁 지역으로 분류된다. 아체 인들의 투쟁심과 저항의 역사를 높이 평가한 프람은 '부루 4부작'에서도 아체의 투쟁을 종종 언급했다.

오래전에는 그렇지 않았습니다. 내가 학교에 다닐 때, 우리는 종종 더 유명한 학교의 학생들에게 놀림을 받고는 했죠. 일이 커져서 싸움이 벌어지기도 했는데, 그럴 때면 공터에 모여 각 그룹마다 한 명이 대표로 싸우게 했습니다. 진 사람은 승자에게 악수를 청해야 했죠. 심지어 우리의 전통 그림자극인 와양Wayang에서도 그렇습니다 — 인형들은 자신의 힘만으로 상대와 겨룹니다.

난 오랫동안 이런 질문을 던져 왔습니다. 인도네시아는, 우리가 지금 보고 있는 이 나라는 왜 이렇게 되었을까? 어쩌면 이리도 나태하고 '집단주의'화되어 개성과 정체성이 부족해진 걸까? 이런 치명적인 결함 탓에 결국 인도네시아가 몰락하게 될지도 모릅니다.

오늘날 인도네시아의 가정에서는 아이들에게 생산하는 방법을 가르치지 않습니다. 오직 소비하는 방법만을 알려 줄 뿐이죠. 아무것도 생산하지 않다 보면 결국 생산하는 방법을 잊게 되고, 생산할 수 없으면 스스로 타락하거나 다른 사람들을 타락시키려고 하게 됩니다. 지금 인도네시아가 통합되기는 했지만, 잘못된 원칙에 기반을 둔 통합입니다.

민족주의 운동 초기부터, 통합된 인도네시아에 대한 개념이 있었습니까? 그 개념은 1928년 "청년의 서"*가 발표될 때 이미 젊은 세대가 정

● [원주] "**청년의 서**" 숨파 프무다, Sumpah Pemudah___ 1928년 10월 28일, 종족적·종교적 배경이 다양한 인도네시아 청년들이 인도네시아 땅에 하나의 조국을 건설하기로 맹세한 것으

의한 바 있습니다. 하나의 국가, 하나의 민족, 하나의 언어. 그게 기본 원칙이었죠. 내가 말한 것처럼, 인도네시아에서 젊은 세대는 늘 전위였습니다. 지금은 다들 잊었겠지만, 과거의 위대한 영웅 가운데 한 명인 무하마드 야민*도 그런 이였죠.

식민주의는 인도네시아 민족의 정체성에 어떤 영향을 미쳤나요?
서구인들은 16세기에 후추를 찾으려고 지금의 인도네시아에 왔습니다. 이곳을 '동인도'East India, 나중에는 '네덜란드령 인도'Dutch Indies 라고 불렀던 그들은, 이 지역에 독립된 문화가 있다고는 한 번도 생각하지 않았죠. 인도네시아Indonesia라는 이름조차 '인도의 섬들'이라는 뜻입니다. 식민지 시기에 이 지역의 여러 나라들은 자기들이 강하고 독립된 국가라고 여긴 적이 없습니다. 대신에 그들은 서구의 종복처럼 행동했죠. 이는 주로 자바주의 때문인데, 결국 이런 문화적 태도가 오늘날의 인도네시아 전체로 퍼져 나갔습니다. 자바는 식민지 행정 권력의 중심이었고, 그 결과 자바주의의 영향도 걷잡

로, 하나의 국가(인도네시아), 하나의 민족(인도네시아 인), 하나의 언어(인도네시아어)를 모토로 했다.
* **무하마드 야민**Muhammad Yamin, 1903-62___ 서부 수마트라에서 태어났고, 1930년대부터 정치가이자 문인, 역사가로 널리 알려졌다. "청년의 서"를 발표했던 인도네시아 청년 회의의 일원이었다. 현재의 인도네시아어(말레이어)를 국어로 정착시켜야 한다고 주장했으며, 인도네시아의 과거와 역사적 인물, 사건을 재조명해 인도네시아의 역사와 정체성을 정립하고자 했다.

을 수 없이 커진 거죠.*

개인적 경험으로 볼 때, 식민주의의 영향으로는 우리가 스스로 서구에 대한 열등감을 가지게 되었다는 점이 가장 큽니다. 나도 예외가 아니었죠. 독립 후 8년이 지난 1953년에야 열등감을 떨쳐 낼 수 있었습니다. 내가 그때 네덜란드에 살았고 네덜란드 인 여자 친구가 있었기 때문이죠.(웃음) 그렇지만 이조차 어디까지나 내 개인적 경험일 뿐입니다.

그 시절 대부분의 인도네시아 인들에게 그런 열등감이 있었나요?
그럴 겁니다. 나만 느꼈던 것은 아닐 테니까요.

---

* 자바 지역은 17세기부터 동인도회사에 의한 부분적인 식민지화가 진행되어 19세기 초 네덜란드 정부가 공식적으로 식민 지배를 확립했을 때 이미 정치적·경제적 중심이 되었다. 자바에서 기반을 확고히 한 식민 정부는 19세기 초부터 다른 섬들에 대해 정치적·경제적 식민지화를 본격적으로 진행했다. 현재 인도네시아 전 지역의 공식적인 식민지화가 완성된 것은 20세기 초 무렵이었다. 따라서 네덜란드 식민 정부의 위상이나 실제적인 사회적·정치적 영향력은 지역마다 크게 달랐다. 네덜란드 식민 정부의 자바 지배는 '간접 지배', 즉 자바인 엘리트들을 식민지의 위계질서에 편입시켜 이용하는 것으로, 자바 귀족들의 봉건적 위계질서를 없애기보다는 오히려 강화하면서 그들을 통해 경제적 수탈을 하는 구조로 발전했다. 지배와 그에 대한 복종이 일상화되었던 자바와 달리, 아체를 비롯한 많은 지역에서는 (자바에 기반을 둔) 네덜란드 식민 지배에 대한 반감과 저항이 존재했다. 독립 이후 자카르타에 들어선 인도네시아 정부는 많은 점에서 식민 정부의 유산을 계승할 수밖에 없었으며, 이것은 다른 지역들이 중앙정부와 자바에 대해서 가졌던, 그리고 때로 반란으로 발전하기도 했던 지역주의의 단초가 되었다.

외국에 가보거나 살아 보지 못한 인도네시아 인들은 어땠을까요? 결국 열등감을 떨쳐 냈나요?

대체로 그러지 못했습니다. 그래서 많은 인도네시아 인들이 외국에서 온 것이라면 뭐든 존경심을 가지는 거죠. 그들은 우리 고유의 것보다 외국 것을 더 좋아합니다. 나를 슬프게 하는 건, 외국어에 대해서도 똑같은 태도를 보인다는 사실입니다. 인도네시아 인들은 더 많은 외국어를 구사할수록 자부심을 가집니다. 이것은 우리에게 고유한 개성이 없다는 의미예요. 지금의 우리 자신을 인정하지 않는다는 겁니다.

그렇다면 식민주의가 사람들에게 권력을 존경하고 두려워하도록 가르친 건가요?

그렇지 않아요. 그건 이미 인도네시아 문화에 깊이 뿌리 박혀 있었습니다. 자바주의에는 윗사람에게 복종하고 충성을 바쳐야 한다는 원칙밖에 없습니다. 그런 점에서 이미 식민지가 될 준비가 되어 있었던 거죠. 1965년 이후 우리에게 일어난 일들을 살펴보려면 반드시 자바주의를 이해해야 합니다. 매우 중요한 주제이니 나중에 좀 더 길게 얘기하고 싶군요.●

● 자바주의에 대한 더 자세한 설명은 3장에서 다룬다.

네덜란드 식민지 시기는 얼마나 혹독했습니까? 긍정적인 면도 있었나요?
당연히 식민지 시기에는 잔혹함이 일상화되어 있었죠. 그렇지만 한편으로, 네덜란드 인들은 적어도 [인도네시아 인들이] 이전에 알지 못했던 일종의 평등이라는 개념을 우리 사회에 소개했습니다. 그 전까지만 해도 [평등을 바탕으로 하는] 인본주의나 국제주의 같은 개념이 없었습니다. 결국 나중에 수카르노가 이를 받아들였고, 1945년 독립 이후에 그런 개념들을 구현하려고 시도했습니다 ― 그렇지만 원래 이 두 개념은 인도네시아 밖에서 시작된 것입니다.

네덜란드에 머물렀을 때, 유럽인들이 인도네시아나 다른 식민 국가에서 자신들이 한 일들이 얼마나 잘못된 것인지 이해한다고 느꼈나요?
아닙니다. 그들은 그저 당시의 시대정신이 그랬다고 할 뿐, 죄의식을 느끼지는 않더군요.

유럽에서 어떤 식으로든 인종주의를 경험했습니까?
물론입니다. 네덜란드에 살 때 항상 네덜란드 사람들이 내게 뭔가를 가르치려 든다는 느낌을 받았습니다. 나중에는 거기에 아주 질려 버렸죠. 누구와 얘기하든 그들은 항상 내게 뭔가 가르쳐 줘야 한다고 생각하는 것 같더군요. 단지 내가 가난한 나라에서 왔다는 이유로 말이죠. 계속 참으면서 열등감을 목구멍으로 삼키는 일은 전혀 달갑지 않았습니다.

일본이 인도네시아를 침략했을 때를 경험한 많은 이들에 따르면, 당시 일본은 인도네시아 인들을 서구로부터 해방시키기 위해 왔다고 했다더군요. 많은 인도네시아 인들이 두 팔 벌려 일본을 환영했지만, 이후 일본 제국 군대가 잔학 행위를 시작하면서 독립 투쟁이 일어났습니다. 실제로 어떤 상황이었습니까?

물론 일본 제국주의자들의 말과 행동이 많이 달랐습니다. 우리 집 앞을 통과하던 첫 번째 일본군 트럭에는 발에 사슬을 채운 오스트레일리아 군인들이 태워져 있었습니다. 다른 트럭에는 시체가 실려 있었죠. 그 뒤로 일본군들이 인도네시아와 일본 국기를 들고 왔습니다. 그들은 일본과 인도네시아가 같은 편이 되었으며, 일본이 인도네시아의 형이 되었다고 적힌 전단을 나눠 주었죠. 사람들은 기뻐하며 축하의 인사를 나눴습니다. 하지만 1942년까지는 [전쟁 국면에서] 일본군이 여전히 승자의 입장에 있었다는 점을 염두에 둬야 합니다.

1943년이 되자 상황이 변했고 일본군은 수세에 몰렸습니다. 이때 모든 것이 달라졌습니다. 그들은 부족한 인력으로 인도네시아의 해안 전체에서 싸워야 했어요. [그래서] 인도네시아 인들을 차출해 강제로 군대에 편입시키기 시작했습니다. 곧 그들이 인도네시아와 한편이 아니라는 게 명백해졌죠. 심지어 그들은 농민들에게서 곡물을 비롯한 식량을 공출했고, 강제 노동자(로무샤 romusha) 체제를 도입했습니다. 70만 명의 농민이 인도네시아 안팎의 요새를 건축하는 데 징집되었죠. 그들 중 30만 명이 죽었습니다.

나는 처음부터 일본의 침략이 잘못되었다고 생각했어요. 어떤 종류의 식민주의도 옳지 않다고 배워 왔으니까요. 그렇지만 당신의 지적은 정확합니다. 대부분의 인도네시아 인들은 일본 점령군을 해방자로 받아들였습니다.

네덜란드의 지배와 일본의 지배는 어떻게 달랐습니까?
네덜란드 지배가 법치를 존중한 반면, 일본인들은 그러지 않았습니다. 자바에 상륙하고 3일 안에 거의 모든 일본군이 자바 여성을 강간했습니다. 당시 여성들은 얼굴에 석탄 가루를 묻혀 군인들이 여성이라는 걸 알아보지 못하게 했죠. 나이든 여성들, 심지어 할머니들까지 그렇게 했습니다.

침략 초기부터 매우 이상한 일들이 일어났습니다. 예를 들어, 일본군은 중국인 가게의 문을 부수고 폭도들이 자유롭게 약탈하게 놔두었죠. 그러나 3일 뒤 그 폭도들 대부분은 처형당했습니다.

일본 점령기에서 유일하게 좋은 점이라고 한다면 인도네시아어bahasa Indonesia만을 사용하도록 했다는 것입니다. 점령 직후 일본은 적국 언어인 네덜란드어와 영어 등을 모두 금지했습니다. 이 규제는 인도네시아어가 발전하는 데 큰 역할을 했습니다. 일본은 심지어 모든 외국어 구절을 인도네시아어로 번역하고 교체하기 위해 특별 위원회까지 두었죠.*

네덜란드가 법치를 존중했다고 했는데, 식민 지배자와 피지배자에게 다른 법체계가 적용되지 않았나요?

예, 달랐죠. 그러나 적어도 어떤 법의 지배를 받았다는 점에서는 마찬가지입니다. 물론 네덜란드 인들은 현지인과 다른 법정의 관할 아래 있었죠. 게다가 네덜란드의 식민 지배는 그 누구의 사법권에도 속하지 않는 자바 귀족의 존재를 [간접 통치를 하는 데] 이용했습니다. 귀족들은 죄를 지어도 처벌받지 않았습니다. 최악의 경우라고 해봐야 추방되는 게 고작이었죠.

선생님의 소설 『도망자』*The Fugitive*는 일본 지배기에 직접 겪었던 일을 바탕으로 했나요, 아니면 허구인가요?

그 책은 일본에 대한 페타** 반란기에 실제로 일어난 일에서 영감을 받아 쓴 것입니다.

---

* 1942년 10월 일본 점령군이 설치한 인도네시아어 조정 위원회(Komisi Peyempurnaan Bahasa Indonesia) 산하에 용어 위원회(Komisi Istilah)가 있었다. 인도네시아 정부는 제2차 세계대전 이후 해체된 용어 위원회를 대신해 1947년 언어 위원회(Komisi Bahasa)를 설치했다(Narwati and Nurrogo 1982, 292-293).
** 페타PETA__ '조국 수호자'라는 뜻의 품블라 타나 아이르(Pembela Tanah Air)의 약어로, 일본 점령기에 일본군에 의해 선발된 청년 방위군을 가리킨다. 일본이 연합군의 침공에 대비하고자 일종의 자원 의용군 형태로 결성했다. 태평양전쟁이 종전될 당시 69개 대대로 구성되어 있었고, 자바에 3만7천 명, 수마트라에 2만 명 정도가 소속되었다. 1945년 2월 인도네시아의 영웅인 수프리야디(Supriyadi, 1923~45?)가 이끄는 일부 장교들이 반란을 시도해 일본군을 공격했지만 실패했다.

1945년 8월 17일 독립 당시 어떻게 자축했나요? 독립을 선언할 때 인도네시아 각지의 거리 분위기는 어땠습니까?

그때 나는 도메이 일본 통신사同盟日本通信士를 그만둔 후 [자바 동부에 있는] 클루드Kelud 산 기슭에 숨어 지내고 있었습니다. 일본군에 징병되었던 인도네시아 인들과 페타 병사들이 쌀을 들고 집으로 돌아가는 걸 보았죠. 무슨 일이 일어나고 있는지 궁금하던 차에 그들의 이야기를 들으니 이틀 전에 인도네시아가 독립국가를 선언했다고 하더군요.

느낌이 어땠습니까?

처음엔 "내 어린 시절의 꿈이 이루어지는구나!"라는 생각이 들었습니다. 곧바로 수라바야로 가고, 거기서 블로라로, 다시 자카르타로 갔죠. 그렇지만 자카르타에 도착하니 영국과의 싸움이 이미 시작되었더군요.* 나는 이웃의 젊은이들과 힘을 합쳐 싸웠습니다. 당시 자카르타의 상황은 긴박했습니다. 트럭이 지나가는 소리를 들을 때마다 싸울 준비를 했죠.

---

* 1943년 연합군은 동남아 지역에서의 작전을 위해 연합 동남아 사령부(South East Asian Command)를 설치했고, 영국의 루이스 마운트배튼(Louis Mountbatten) 장군이 사령관으로 임명되었다. 동남아 사령부는 1946년까지 존속했다. 1945년 일본이 패배한 뒤 인도네시아가 독립을 선언하자, 네덜란드가 식민지를 회복하기 위해 인도네시아에 재진입했을 때, 동남아 사령부는 네덜란드를 지원하기 위해 영국군을 전투에 파견했다.

독립에 대한 기쁨도 잠깐이고, 새로운 독립국가를 지키기 위해 다시 싸워야 했군요.

그렇죠. 자카르타에 도착하자마자 일촉즉발의 상황임을 느낄 수 있었습니다. 영국 왕실 군대가 도착했고, 일본군은 (전쟁에 패배해 분노하고 당황한 기색은 있었지만) 여전히 잘 무장하고 있었으며, 일본군의 무기로 무장한 인도네시아 인도 있었습니다. 이 세 집단이 약탈을 시작했고 전투는 계속되었죠. 인도네시아 인이라면 설사 무장하지 않은 이들조차 모두 싸울 준비가 되어 있었습니다.

첫 주에 나는 [중부 자카르타의] 크마요란Kemayoran 지역의 청년들과 함께 무기를 찾으러 일본군 기지에 갔습니다. 우리가 도착했을 때 일본인들은 조용하고 여유로운 모습이었고, 두려운 기색도 없이 그저 어슬렁거리고 있더군요. 나는 그게 너무 이상했습니다. 한 명이 말하더군요. "원하는 게 뭔가? 우리 물건을 원한다면, 그냥 가져가. 여기 내가 가진 편지를 보라고." 그가 보여 준 서한은 수카르노가 보낸 것이었어요. 거기에는 그 편지를 읽은 사람은 누구라도 그들의 목숨을 살려줘야 한다며, "당신이 무엇을 하든, 이 사람들을 해치지 마시오."라고 써있더군요.

아마도 일군의 일본인들이 수카르노의 독립선언을 도운 것 같았습니다. 편지까지 읽고 나니 그곳에서는 무기를 가져올 수 없겠더군요. 그 직후 일본군이 떠나 텅 빈 기지를 우리가 장악했습니다. 그렇지만 일주일 뒤 오스트레일리아군의 공격을 받았는데, 무기가 없었으니 지켜 낼 도리가 없었습니다. 여기까지가 독립 선언 이후 개인적으로 기억하는 것들입니다.

동료들끼리 그 순간 새로운 역사가 시작되었다는 느낌을 나누었나요? 아니면 너무 혼란스러워 그런 생각을 할 시간조차 없었습니까?
하나같이 독립했다는 기쁨에 취한 상태였죠. 감격이 넘쳐서 다른 것은 생각할 수가 없었습니다.

그때 선생님은 인도네시아가 평등주의·사회주의 국가가 되기를 바랐나요?
대부분의 서구 자본주의 국가들이 수카르노를 적으로 여겼습니다. 그는 반자본주의자라는 사실을 숨기지 않았지만, 그에 앞서 국민 통합이라는 목표를 최우선으로 삼았습니다. 예, 우리는 무엇보다 국민 통합을 생각하고 있었어요. 나중에 수하르토의 쿠데타가 모든 걸 뒤집으면서 이 나라의 진로가 불확실해졌습니다.

언제 처음 수카르노를 만났습니까?
전쟁 직후였습니다. 그전에도 수카르노를 몇 번 보기는 했지만 개인적으로 만난 적은 없었죠. 처음 만난 건 내가 인도네시아 예술가를 대표해서 '교도 민주주의'라는 그의 생각에 지지를 표했을 때였습니다. 두 번째로 만난 것은 대통령궁을 방문했을 때였습니다. 수카르노는 장관들과 커피를 마시고 있더군요. 거기서 나눈 얘기가 다 기억나지는 않습니다만, 내가 물타툴리의 동상을 세우자고 제안했을 때 그가 거부했던 것은 기억합니다. 나는 지금도 물타툴리가 인도네시아의 국민 영웅으로 인정받아야 한다고 생각해요. 인도네시아 인들에게 식민주의의 진실에 대해 얘기해 준 사람이니까요. 그가 등장하기 전까지, 인도네시아 인들은 자바주의의 주술에 걸린 채 자신들이 식민지화되었다는 사실조차 깨닫지 못했습니다.

수카르노에 대해서 어떻게 생각합니까? 정치가로서 그는 잘 알려져 있습니다만, 개인적 면에서는 어땠습니까?

난 항상 그를 존경했습니다.* 그의 견해, 특히 국민성 건설**에 대한 견해에 동의했습니다. 하지만 1965년의 쿠데타 이후 누구도 수카르노의 제언에 대해서 얘기하지 않죠. 그는 인도네시아에 대한

• 수카르노를 비판하는 이들은 그가 일본 점령기에 일제에 협력했고, 재임 시에는 교도 민주주의로 대표되는 독재적 성향을 보였다는 사실 등을 주로 지적한다. 프람은 이런 비판에 맞서 적극적으로 수카르노를 옹호해 왔다. 그는 수카르노가 인도네시아를 침공한 일본에 맞서 함께 협력해 싸우자고 네덜란드 식민 정부에 제안했으나 오히려 식민 정부가 항복을 선언하고 달아났다고 해명했다. 일본이 진입한 뒤 수카르노는 일본인과 협력했지만, 일본의 라디오 방송과 정치 선전을 위한 연설을 인도네시아 인들의 민족주의를 고취하는 계기로 삼았다는 것이다. 그리고 수카르노가 교도 민주주의를 고안한 것은, 정당들이 난립해 발생한 정치적 혼란을 막고, '국가와 국민성 건설'이라는 목표를 달성하기 위해서였다고 주장했다(Pramoedya 1999/08/23). 한편 프람은 수카르노에 대한 비판이, 냉전 구도상에서 비동맹 노선을 채택하고 급진적 성향을 지닌 수카르노를 우려한 서방세계, 그리고 인도네시아의 보수파들에 의해 부당하게 제기되었다고 비판했다.

•• '(국가와) 국민성 건설'이라는 주제는 수카르노에게는 주된 정치적 구호이자 목표였다. 반면에 수하르토는 '개발의 아버지'라고 불릴 정도로 경제개발과 실용주의를 표방했다.

1. 1965년 이전 : 역사, 식민주의, 수카르노 시기 71

통찰이 깊었습니다. 자기 나라의 역사에 대해 알고 있었죠. 수카르노가 집권한 시기에 많은 서구 국가들이 인도네시아를 적으로 여겼는데, 그때 인도네시아가 식민주의·제국주의·자본주의에 반대했기 때문이죠. 그래서 나는 과거와 마찬가지로 지금도 절대적으로 그를 지지합니다. 당시 그가 '문화 선언'*에 맞서 싸울 때도 그를 지지했죠.

그럼에도 그와 개인적인 교류는 없었습니다. 사실 수카르노는 나를 잘 몰랐어요. 언젠가 만났을 때 이렇게 말을 걸더군요. "프람 형제, 당신 무슬림 학자 아닌가요?"(웃음) 나에 대해 아무것도 몰랐던 게 분명합니다.

선생님은 종교가 있습니까?
나는 나 자신만을 믿습니다. 시간이 갈수록 더 그렇게 되더군요. 34년을 감옥과 수용소에서 지내거나 가택 연금을 당하며 보냈는데 신은 절대 나를 도와주지 않았습니다. 사람들은 신에게 구걸을 하러 가지요 ― 사실 기도라는 건 구걸입니다.

• **문화 선언**Manikebu ___ 1963년 다수의 시인·소설가들이 제한 없는 예술적 자유와 보편적 인본주의를 옹호하며 발표한 선언이다. 이들은 당시 레크라를 중심으로 결집된 좌파 문인들의 사회주의적 리얼리즘이 작가의 창의성과 문화의 순수성을 파괴한다고 비판했다. 아리프 부디만(Arief Budiman)처럼 그 후에 수하르토 정권에 비판적 태도를 취한 작가들도 일부 서명에 동참했다.

독립 당시에도 인도네시아는 경제적으로 가난한 상태였습니다만, 요즘은 동남아에서 가장 가난한 국가 중 하나가 되었더군요. 지금 서민들의 삶은 수카르노 시기와 비교해서 어떻다고 생각합니까?

오늘날 인도네시아 사람들이 가난한 것은 엘리트들 때문입니다. 독립 이전에는 식민 지배자에 의해 약탈당했죠. 지금은 엘리트에게 약탈당합니다. 수카르노 시기에도 가난하긴 했지만, 그건 인도네시아가 서구 열강에 의해 포위되었기 때문입니다. 모든 서구 국가들이 우리에게 적대적이었고, 국내 경제는 발전하지 못한 상태였죠. 수하르토 시기는 완전히 다릅니다. 그는 서구의 자본과 투자가 나라에 들어오도록 허용했어요. 서구 자본이 인도네시아에 투자될 때마다, 자본은 그 대가로 훨씬 많은 것을 우리에게서 짜내 갔습니다. 자본주의는 이익을 더 많이 남기는 데만 관심이 있으니까요.

수카르노 재임기에는 거의 모두가 똑같이 가난했습니다. 부패가 있었다고 해도 그 정도는 미미했죠. 오늘날의 부패에는 수십억 달러가 오고 갑니다.

1965년 이전 수카르노가 정권을 잡고 있던 시기에는 뭔가에 대한 기대감이 있었나요?

그렇습니다. 수카르노 시기에는 희망이 있었죠. 그러나 수하르토가 쿠데타를 통해 정권을 잡은 이후 모든 것이 파괴되고, 수카르노 지지자들은 제거되었습니다. 그 전에는 희망이 있었어요. 수카르노는 진정으로 다수의 인도네시아 인들에게 사랑받았습니다.

수카르노 재임기에 인도네시아는 세계에 영향력을 행사할 수 있는 매우 존경받는 나라가 되었습니다. 인도네시아는 비동맹 운동의 구성원 중 하나이기도 했습니다.* 수카르노는 개발도상국들이 단결해야 한다고 주장했는데, 그런 생각은 미래에 세계 정치·경제 블록을 재편하려는 이들에게 여전히 가치 있는 개념으로 여겨집니다. 당시 인도네시아 인들이 그런 개념들을 이해하고 있었나요? 그들도 그런 생각을 지지했습니까?

그렇습니다. 당시 인도네시아는 다른 나라들에게 존경을 받았죠. 아시아와 아프리카의 다른 국가들에게 희망의 등대와 같았습니다. 수카르노는 라디오와 텔레비전을 통해 대중에게 얘기하기를 주저하지 않은 위대한 웅변가였어요. 실제로 이 나라의 모두가, 그가 옹호한 개념에 대해 알고 있었습니다.

물론 다수의 사람들이 그를 사랑했지만 반대하는 이도 있었죠. 자유주의적 지식인들, 특히 시민적 자유가 더 확대되어야 한다고 주장한 사람들은 그의 관점에 불만을 가졌습니다. 수카르노가 전력을 다해 교도 민주주의를 추진하던 때였으니 논쟁을 피할 수 없었습니다. 그에게 저항하던 그룹들은 대부분 인도네시아 사회당 주변으로 집결했죠. 샤흐리르**·루비스·안와르와 같은 대중적 지도자

• 수카르노는 네루·티토 등과 더불어, 냉전 시기에 동서 어느 진영에도 속하기를 거부한 국가들이 비동맹 운동을 조직하는 데 주도적인 역할을 했다. 비동맹을 표방한 아시아-아프리카 국가들의 첫 번째 대규모 모임이 1955년 인도네시아의 반둥(Bandung)에서 개최되었는데, 이는 1961년 유고슬라비아의 베오그라드(현재 세르비아의 수도)에서 비동맹 운동이 공식적으로 결성되는 초석이 되었다.

나 언론계 인사들이 대표적이었습니다.

인도네시아의 시각에서 볼 때, 비동맹 운동의 목적은 무엇이었을까요?
비동맹 운동은 제국주의에 대항하는 데 결코 빼놓을 수 없는 중요한 역할을 했습니다. 당시까지만 해도 대부분의 아시아와 아프리카 국가들이 여전히 제국주의 국가들에 의해 통제되고 있었죠. 수카르노의 정책은 그 국가들에서 일어난 독립 투쟁에 도움이 되었습니다. 싱가포르와 말레이시아도 수카르노가 개입한 덕분에 독립할 수 있었습니다.

식민지 국가들의 독립이 당시 세계 비동맹 운동의 유일한 목표였습니까?
그 국가들이 독립을 쟁취하고, 그곳에서 민주주의를 건설하는 것이 목표였죠.

●● **수탄 샤흐리르**Sutan Syahrir, 1909~66___ 수카르노·하타와 동시대를 살았던 지식인이자 정치 지도자로, 1945년 독립 선언 후 초대 총리를 역임했다. 1948년 사민주의를 표방한 인도네시아 사회당을 결성해 공산당·민족주의당과 거리를 둔 노선을 표방했으나 정치적 영향력은 크지 않았다. 모흐타르 루비스(Mochtar Lubis, 1922~)와 로시한 안와르(Rosihan Anwar, 1922~2011)는 인도네시아의 저명한 작가이자 언론인이었다. 이들은 점차 권위주의적으로 되어 가는 수카르노 정부와 교도 민주주의에 비판적이었고, 1960년대 초반에 투옥되거나 운영하던 언론사가 폐간되는 등의 탄압을 받았다.

1. 1965년 이전 : 역사, 식민주의, 수카르노 시기

1965년 이전에도 선생님은 인도네시아의 가장 위대한 작가로 여겨졌습니다. 수카르노 정부가 주창한 이른바 교도 민주주의 체제에 대해서는 어떻게 생각했습니까? 그 체제와 어떤 갈등이 있지는 않았습니까?

인도네시아의 모든 정부가 늘 나를 적이라고 여겼습니다. 수카르노 시기에도 별로 다르지 않았습니다.(웃음) 수카르노 시기에 감옥에서 1년가량을 보냈습니다. 『인도네시아의 화교』Hoakiau di Indonesia를 썼기 때문이죠. 당시 인도네시아 화교들은 상업 활동이 금지되었습니다. 마을에서 강제로 쫓겨났고, 심지어 살해당하는 사람들도 있었습니다. 거기에 반대했기 때문에 1960년 감옥에 가게 된 겁니다.*

수카르노 시기를 돌이켜 볼 때, 당시 인도네시아가 향해 가던 전체적인 방향이 옳다고 생각합니까?

전체적인 방향은 옳았지만, 중국인 사회에 대한 차별적 규제를 포함한 몇 가지 부분에는 동의하지 않았습니다. 이는 사실 군부가 계획한 것입니다. 그들의 목적은 긴장을 유발해 결국 중국과 인도네시아의 동맹을 끊으려는 것이었죠.**

---

* 인도네시아 정부는 1950년대 중반부터 외국자본과 기업에 대한 '국유화'를 추진·시행했고, 이 과정에서 당시 인도네시아 경제와 상업을 장악했던 중국인들도 경제적 기반을 빼앗겼다. 프람은 소설에서 중국계 인도네시아 인에 대한 탄압이 부당하다고 주장했고, 그 결과 수카르노의 지지자였음에도 투옥되었다.
** 중국계 인도네시아 인에 대한 탄압 때문에 중국과 어느 정도 긴장이 있기도 했지만, 비동맹 노선을 선도했던 수카르노 정권은 중국과 친밀한 관계를 유지했다. 반면에 서방세

군부에 대한 수카르노의 생각은 어땠습니까? 예컨대 군부의 규모를 축소한다든지, 뭔가 다른 방법을 택했다면 1965년 쿠데타를 방지할 수 있지 않았을까요?

수카르노에게는 무기가 없었어요. 그는 정치가일 뿐입니다. 실권은 군부의 손에 집중되어 있었죠. 권력의 중심이 두 개였으니 수카르노도 어찌해 볼 도리가 없었습니다. 결국 군부가 수카르노를 끌어내렸죠.

1965년 쿠데타 이전부터 인도네시아 군부와 미국을 비롯한 서구 열강들 사이에 강력한 유대 관계가 있지 않았나요?

물론 그랬죠.

그렇다면 1965년 이전에 어떤 식으로든 서구 열강이 개입된 군부 쿠데타가 일어날지도 모른다는 예측이나 두려움은 없었습니까?

그런 기미는 전혀 없었습니다. 그래서 1965년에 그 일이 일어났을 때 모두 충격을 받은 거죠. 단순한 충격이 아니었습니다. 무슨 일이 벌어지고 있는지 아무도 짐작조차 못했으니까요. 모든 것이 베일에 싸여 있었기 때문에, 무슨 일이 일어났는지 지금도 정확히 아는 사람이 없습니다. 쿠데타 후에 얼마나 많은 사람들이 죽었는지에

계와는 갈등 관계에 있었다.

1. 1965년 이전 : 역사, 식민주의, 수카르노 시기 77

대해서마저 의견이 분분하니까요.

수카르노 시기의 문화적 풍토는 어땠습니까? 고유문화와 국제주의 가운데 무엇이 주로 강조되었나요?

고유문화였습니다. 예를 들어 음악의 경우 수카르노는 미국에서 들어온 조류를 적대시했죠. 레크라는 고유문화를 고양하려 노력했고, 그런 고유문화 가운데 몇몇은 아직도 존재합니다. 케토프락,* 레농,** 루드룩***처럼 길거리 극장에서 공연되던 전통 연극 양식이 전국 차원의 공간에서 더 큰 규모로 상연되었고, 라디오와 텔레비전으로 중계되었습니다.

 많은 해외 지식인들이, 수카르노가 주창한 문화 정책, 특히 우리 문화를 나사콤의 틀 안에 규정하려는 시도를 부정적으로 바라봤습니다. 그들은 그 세 가지 요소가 공존할 수 있을지에 대해 회의적이었죠. 그렇지만 그들은 그 원칙을 통합하는 것이 아니라, 제국주의에 저항하는 데 필요한 혁명적 정신을 창조하는 것이 중요했음을 이해하지 못했다고 할 수 있습니다.

---

* **케토프락**Ketoprak___ 가믈란 연주에 맞춰 배우들이 노래를 부르는 중부 자바의 전통 연극 양식으로, 자바 전통 설화와 역사를 배경으로 한 내용이다.
** **레농**Lenong___ 자카르타 지역에서 시작된 연극 양식이다.
*** **루드룩**Ludruk___ 동부 자바에서 시작된 연극 양식으로, 케토프락과 달리 힘없는 서민들의 일상생활과 애환을 배경으로 하며, 쉬운 표현을 구사하는 희극의 성격을 지녔다.

2
1965년 쿠데타

쿠데타에 대한 소식은 어떻게 알게 되었습니까?
라디오를 듣고 알았죠. 깜짝 놀랐습니다. 인도네시아 공산당이 쿠데타의 선동자라고 공식 발표하더군요. 나중에야 군부가 주동자라는 걸 깨달았죠. 공산당에 대한 비난은 대체로 공산당이 수카르노를 끌어내리려고 했다는 것이었는데, 전혀 현실성이 없는 얘깁니다. 공산당은 수카르노의 중요한 지지자였거든요. 너무 혼란스러운 상황이어서 그 뒤로 몇 달간 줄곧 고민했죠.

40년이 지난 지금, 쿠데타에 대해 상반되는 설명이 있습니다. 수하르토와 인도네시아 군부, 미국 등이 내놓은 공식적 견해는 공산당이 7명의 고위 군 장교를 납치·살해하면서 쿠데타를 유발했다는 것입니다. 다른 역사가들은 실제로는 군부 내의 친수하르토 집단이 쿠데타를 일으켰고 미국과 서구 열강이 이들을 지원했다고 주장하죠. 선생님의 견해는 어떻습니까?
서구 열강의 주된 목적은 당연히 (반식민주의·반제국주의·반자본주의라는 원칙을 내세운) 수카르노를 끌어내리는 것이었습니다. 군부에는 수카르노 지지 세력과 수하르토 지지 세력 사이에 갈등이 있었는데, 수하르토 지지 세력이 권력을 장악하려고 했죠. 그래서 쿠데타가 일어났습니다. 여섯 명의 장군과 한 명의 장교를 죽이기 위해서 일부 군대가 동원되었는데, 그 사건이 수하르토 지지자들에 의한 대량 살상을 불러왔습니다. 그 살상의 희생자는 공산주의자와 중국인, 그리고 모든 수카르노 지지자였습니다. 결국 실상은 이렇습니다. 군부와 수하르토는 자신들이 쿠데타를 기획하고서는 다른 사람들이 쿠데타를 기도했다고 비난하고, 결국 2백만 명의 사람들을 죽인 겁니다. 그들은 스스로 저지른 일임에도 이에 '복수'한다는 명목으로 2백만 명을 죽인 거예요!

자바의 역사에도 이에 비견될 만한 일이 있습니다. 켄 아록Ken Arok으로부터 퉁굴 아메퉁Tunggul Ametung을 죽이라는 지시를 받은 크보 이조Kebo Ijo의 이야기죠. 퉁굴 아메퉁이 죽고 권력을 잡은 아록은 크보 이조를 처형하도록 명했습니다. 이걸 보면 우리 역사에 일정한 경향성이 있다는 걸 알 수 있습니다.

1965년 9월 30일에서 10월 1일 사이에 그 여섯 명의 장군과 한 명의 장교를 죽인 사람들은 공산당과 어떤 관계가 있었나요?

당시 공산당이 합법 정당이었으니 관계가 있었을 가능성도 부정할 수는 없지만 잘 모르겠군요. 그들이 그랬다면, 단지 개인적인 차원이었겠죠. 그와는 상관없이, 쿠데타와 관련된 건 공산당이 아니라 미국 정부의 사주를 받은, 군부 내의 친미 세력이었죠.

그러니까 쿠데타는 공산당이 아니라 미국의 사주를 받고 조종된 군부 구성원의 작품이라는 말인가요?
그렇습니다.

쿠데타 이후에는 상상할 수 없는 잔혹 행위가 이어졌습니다. 학살이 벌어지는 동안 국가 전체가 이를 방관하거나 학살에 직접 참여했는데, 이런 일이 어떻게 가능했을까요? 대다수의 인도네시아 인은 아무것도 하지 않았습니다. 쿠데타를 막기 위해, 군부에 맞서기 위해, 인도네시아의 건국 원칙을 지키기 위해, 혹은 무력한 수백만 명의 희생자를 보호하기 위해 필요한 행동을 말이죠.
간단히 말하면 공포 때문입니다! 2백만 명이 너무나 빠른 시간 안에 살해되자 공포의 문화가 생겨난 겁니다. 사람들은 인도네시아 공산당의 이름을 언급하는 것조차 두려워하게 되었죠.

군부가 실제로 그렇게 강력한 국가 통제력을 가졌나요?
실제로는 혁명 이후, 독립 이후에 군부가 국가를 통제하게 되었죠. 공무원들조차 자기 상관보다 군부에 복종했습니다. 이런 점에서는 지금도 달라진 게 없어요. 쿠데타 이후 군부와 수많은 공무원으로 구성된 수하르토의 정당 골카르*가 '신질서'라는 체제를 만들었죠.

---

* [원주 보충] **골카르**Golkar___ 직능 집단을 뜻하는 골롱안 카르야(Golongan Karya)의 약어이다. 사회 각 직능 집단의 대표자 연합체라는 성격을 띤다. 1964년 군부가 공산주의자

쿠데타 이전에는 군부의 위상이 제도화되지는 않았지만, 신질서 아래에서 군부는 정치적 통일체로 조직화되었습니다.

쿠데타 이후 거리의 상황은 어땠습니까? 지방 도시와 마을에서는 대량 학살이 있었습니다만, 자카르타 거리에서는 어땠나요?

총체적 침묵이었죠. 사람들은 아연실색해서 실제로 무슨 일이 일어나는지 전혀 몰랐습니다. 군부는 어디에서나 사람들을 영장 없이 마구잡이로 체포했죠. 강물은 피로 붉게 물들었는데, 사람들은 그 이유조차 알 수가 없었어요! [동부 자바에 있는] 브란타스Brantas 강이 시체로 메워졌다고 하던데, 이때 감옥에 있던 나는 전해 듣기만 했을 뿐 직접 보지는 못했습니다. 사람들은 아무것도 알 수가 없었습니다. 아는 것이라고는 1965년 9월 30일과 10월 1일 사이에 수카르노를 지지하던 여섯 명의 장군과 한 명의 장교가 살해되었다는 것뿐이었죠. 나는 쿠데타가 시작되었을 때 거기[자카르타] 있기는 했지만, 2주 후인 10월 13일에 체포되었기 때문에, 전반적으로 이 사건과 관련해 어떤 일이 있었는지를 직접 볼 수는 없었습니다.

들을 견제하기 위해 사회단체를 연합해 결성했으며, 1965년 쿠데타 이후 수하르토의 측근이던 알리 무르토포(Ali Murtopo)가 주도해 정당으로 변모한 뒤, 1999년까지 수하르토 독재의 주요 정치적 매개로 활동했다. 특정 이데올로기를 내세우는 대신 경제 발전을 도모하는 조직을 표방했다. 2004년의 의회 선거에서는 21.6퍼센트를 득표해 인도네시아 의회의 다수당이 되었다. 이 책이 줄간될 때는 부패 혐의로 기소되어 있던 악바르 단중(146-147쪽 참조)이 당수였고, 지금은 아부리잘 바크리(Aburizal Bakrie)가 당수다.

쿠데타 이후 얼마나 많은 사람들이 살해당했나요?

수도모*의 말로는 2백만 명이라고 하더군요. 우리가 지금 수도모에게 가면, 감히 자기가 했던 말을 반복하지 못할 겁니다. 그는 지금 높은 지위에 있지 않으니까요. 인도네시아는 참 묘해요. 사람들이 권력을 가지고 있을 때만 대담해지거든요. 그렇지만 대부분의 살인은 위보워 장군의 명령에 따라 이루어졌습니다. 그는 언젠가 자신의 군대가 자바에서만 3백만 명을 죽이는 일을 해냈다고 자랑스레 인정하기도 했습니다.

이론적으로 보면, 수카르노는 쿠데타 이후에도 잠깐이기는 하지만 여전히 대통령직에 있었습니다. 그는 왜 수하르토와 맞서 싸우려고 하지 않았나요? 어째서 자신의 지지자들에게 권력 찬탈자에 저항해 봉기하라고 지시하지 않았을까요?

전면적인 내전을 원하지 않았기 때문이죠. 물론 제대로 저항하지 않았기 때문에 결국 그가 상징하던 모든 것이 파괴되었습니다.

모든 강탈과 학살이 지나간 후, 인도네시아 지식인들은 감히 반란을 일으킬 엄두를 내지 못했죠. 그저 자기 자리에서 가만히 위험을 피하며 지냈습니다.

● **수도모** Sudomo ___ 해군 장성 출신으로, 수하르토 체제에서 정치·안보 분야의 조정 전담 장관을 역임했다.

쿠데타 이후 군부와 정부의 억압은 얼마나 심했습니까?

군부와 골카르는 대부분의 수카르노 지지자들을 제거하고 어떤 반대도 분쇄해 버렸죠. 대개는 공산주의자를 표적으로 했지만, 거기서 그치지 않았습니다. 종교 지도자와 민족주의자들도 추적을 받았고, 살해되거나 부루 섬을 비롯해 여러 곳의 수용소로 보내졌습니다. 살해된 사람의 수가 2백만에서 3백만 명 사이입니다. 내가 태어난 동부 자바의 소도시 블로라에서만도 3천 명이 죽었어요. 적어도 블로라 학살의 경우는 올해 출간될 책에 기록될 겁니다.

1965년 10월 13일에 체포된 뒤 어디로 끌려갔습니까?

여기저기로 끌려 다녔어요. 군경찰CPM기지, 군사령부Kodam-5, 부킷두리 감옥, 탕그랑Tangerang 감옥 등 4년간 이곳저곳으로 옮겨졌어요. 나중에 10년을 보내게 될 부루 섬의 수용소로 이동되기 전까지는 엄중히 감금되어 있었습니다.

    모든 것을 빼앗겼을 때 내가 어떤 느낌이었을지 상상이 됩니까? 내 아내와 아이들은 이 집 저 집으로 옮겨 다니면서 계속 낯선 사람들과 지내야 했죠. 아내에게 물어보세요. 당시 겪은 고초에 대해서 모두 얘기해 줄 겁니다. 감옥에서 먹을 것을 거의 주지 않아서, 심지어 아내가 나를 먹여 살리기까지 해야 했습니다. [감옥에서] 하루에 여섯 명이 굶어 죽은 적도 있었어요!

선생님이 체포되던 상황이 궁금합니다. 몇 명이 데리러 왔고, 죄목은 무엇이었습니까? 와서는 무슨 얘기를 하던가요?

체포되기 전에 폭도들이 우리 집을 공격했습니다. 복면을 하고 있어서 군인인지 일반인인지는 몰랐지만, 우리 집으로 돌을 던지더군요. 내가 골목에 불빛을 비출 때마다 물러났지만, 깜깜해지면 곧바로 돌아왔죠. 아마도 내가 아는 사람들이라 얼굴을 들키지 않으려는 것임을 짐작했습니다. 그들에게 이렇게 소리쳤죠. "싸움은 이런 식으로 하는 게 아니야, 이 겁쟁이들아! 나도 투사다! 너희 두목을 보게 해다오. 원하는 게 뭐야? 자신 있으면 여기 와서 맞서 봐!" 그런데 아무도 도전을 받아들이지 않더군요.

　그들은 사롱*을 이용해 큰 돌을 날라 와 대문이 무너질 때까지 계속 던져 대더군요. 그때 난 이미 피를 흘리고 있었습니다. 다리에도 피가 났지만, 난 여전히 대문 앞에 서서 일본도를 쥐고 그들과 맞설 준비를 하고 있었죠. 그런데 갑자기 "라타타타타!" 하는 소리와 함께 기관총이 발사되고, 폭도들이 동작을 멈췄습니다. 그리고 군대가 도착하더군요. 그들이 문을 두드리기에 열어 주었죠. 한 소대가 보였어요. 그들 중 하나가 "선생, 사람들과 싸우지 마십시오."라고 하기에 내가 이렇게 대답했죠. "이들은 사람이 아니라, 폭도일 뿐이요."

---

* **사롱**sarong___ 동남아시아·남아시아 등지에서 치마처럼 둘러서 입는 넓은 천으로, 남녀 모두가 착용한다.

그 직후 1965년 10월 13일에 체포되었고 내가 가진 모든 것이 압수되었습니다. 내가 걸친 것이라면, 손목시계까지 포함해, 하나도 빠짐없이 모두 가져갔죠. 38년이 지난 지금까지도 그들은 빼앗아 간 것을 돌려주지 않았습니다. 몰수해 간 내 집조차 돌려주지 않았어요.

나는 트럭에 태워져 끌려갔고, 총으로 몇 차례나 얻어맞아 거의 의식을 잃었습니다. 나를 체포할 때 그들은 "갑시다, 프람 선생. 우리는 당신을 보호하려는 겁니다."라고 하더군요. 체포가 '보호받는 것'이라는 말은 그때 처음 들었습니다.

당시 아내는 출산을 앞두고 다른 곳에 있었어요. 이웃 사람 하나가 내게 무슨 일이 일어났는지를 아내에게 알려주었습니다. 그녀는 곧 집으로 달려갔지만 들어갈 수가 없었어요. 아내는 여덟 편의 원고를 비롯한 내 모든 문서가 불에 타는 것을 목격했죠. 내 서가 전체가 불타 버렸습니다. 원고를 태운 것은 절대로 용서받을 수 없는 일이에요! 책을 태운 건 그저 사악하다고밖에 할 수 없습니다. 그 군인들의 행동은, 문화의 주요 상징의 하나인 창조적 글쓰기 과정의 안티테제라고 할 수 있는 문화적 퇴락, 반달리즘(문화 파괴주의)의 증거입니다.

이런 일이 일어나기 전에, 일간지 『빈탕 티무르』*Bintang Timur*를 발행하는 신문사에서 내 조수로 있던 한 친구가 우리 집으로 달려와 이런 얘길 해주더군요. "프람 형제, 지금 도처에서 끔찍한 일들이 일어나고 있어요. 내 생각에는 당신이 인민 지도자의 한 명이기 때문에 희생당할지도 몰라요." 그러면서 자기 이웃에게 일어난 일을 얘기해 줬죠. 처음엔 폭도들이 집을 부쉈답니다. 나중에는 자동 기관총 소리가 들리더니, 이후 군인들이 와서 그들을 체포했다는 군요. 그러니 내게 일어난 일이 다른 많은 사람에게도 일어났다는 것을 알 수 있죠. 그 친구는 내게 달아나라고 권유했습니다만, 나는 '내가 가긴 어딜 가? 여기가 내 집이고 난 여기를 지킬 거야.'라고 생각했습니다. 그렇지만 결국 일개 소대 전체와 맞서 싸울 수는 없었어요.

그들이 체포 이유를 설명해 주던가요?
사실 그들은 날 체포한다는 말은 절대 하지 않았습니다. 계속 자기들이 나를 '구조'하는 중이라고 했죠. 참 희한한 용어 선택이죠. 그래서 나는 나서면서 내 소설 『해변에서 온 소녀』의 속편 작업을 계속할 수 있도록 휴대용 타자기와 그 책 3부의 미완성 원고를 들고 갔습니다. 2부의 원고는 내가 보는 앞에서 사라졌어요!
 당시 내 직업은 여러 개였습니다. 우선 어느 연필 제조 회사의 자문으로 일하고 있었는데, 회사 사람들은 사태가 점점 통제 불능 상태로 치닫는 걸 깨닫고는 내게 세 달치 월급을 가져다주었습니다. 또 대학교수로도 일했는데 거기서도 세 달치 월급을 미리 주더군요. 그게 내가 체포되기 직전이었고, 그래서 그 돈을 지니고 있었죠. 그 돈도 다른 물건과 함께 모조리 압수당했습니다. 가진 것을 모두 잃게 되니, 가족들을 도울 수가 없었죠.

감금되었을 때 그들이 때리거나 고문했나요? 어떤 질문을 받았고 어떤 일을 당했나요?

[적어도 이때는] 감금되었을 때 맞거나 고문당하지는 않았습니다. 한 번은 어느 하사에게 얼굴을 맞았죠. 그가 내게 멍청한 질문을 하기에, 그에게 "당신 계급이 뭐요? 어떻게 감히 나한테 이런 질문을 하는 거요?"라고 물었어요. 그랬더니 흥분해서 나를 때리더군요. 그 질문이라는 게, 그냥 내 이름과 주소를 계속 반복해서 묻는 겁니다.

아까도 말했듯이, 물리적인 학대를 받지는 않았습니다. 그렇지만 내가 가진 모든 것을 압수당했고 내 모든 원고가 불태워졌죠. 나중에는 내 책들이 금서가 되었습니다. 나는 이 모든 것이 잘 짜인 전략의 일부라고 확신합니다.

서면 진술 같은 것이 작성되었나요?

아닙니다. 공식적 심문도, 증언도 없었습니다. 난 그냥 세상에서 사라진 거예요!

오랜 세월이 지난 후에, 내가 1988년에 부루 수용소에서 풀려나 가택 연금에 들어간 이후에야 대법원에서 검찰관이 와서 날 심문하더군요. 그들이 진술서를 작성한 건 그게 처음이었습니다 — 두 개를 작성하더군요. 나는 재판을 요구했고, 그들 모두 동의했죠. 나는 중립국 출신으로 공산주의에 대해 알고 있는 변호사의 변호를 받게 해달라고 요구했습니다. 만약 내가 재판에 회부되면 판사와 검사는 그 주제에 대해 아무것도 모를 것이라고 확신했기 때문입니다. 그렇지만 재판은 열리지 않았습니다.

그때는 이미 선생님이 작가로서 세계적으로 알려진 뒤였죠. 감옥과 수용소에서 특별대우를 받았나요? 많은 사람들이 감옥에서 죽었는데, 선생님은 살아남았습니다.

특별대우는 없었지만, 전 세계로부터 정신적 지원을 받았죠. 기본적으로 다른 수감자들과 거의 같은 대우를 받았습니다만, 내 경우 감시가 더 철저했습니다. 50미터만 걸어도 감시를 받았죠. 살아남은 것에 대해선 이 얘기를 해야 할 것 같네요. 분명히 어느 시점에서 나를 암살하라는 명령이 있었습니다만, 수용소장은 감히 날 처형할 수가 없었습니다. 그때는 이미 상당한 국제적 압력이 있었거든요.

그러니까 체포되고 나서 풀려날 때까지 집에 돌아가지 못했다는 건가요?
그렇죠! 부루 수용소에서 풀려날 때까지 집에 돌아가지 못했습니다.

부루 수용소로 옮겨질 때 어떤 이동 수단을 이용했나요? 비행기를 탔습니까, 아니면 배를 탔습니까?
자카르타에서 누사캄방안*까지 기차를 탔고, 거기서 부루까지는

● **누사캄방안**Nusakambangan___ 중부 자바의 남서부 해안에 있는 섬. 식민지 시기부터 정치범을 수용하는 장소로 사용되었으며, 이런 기능은 독립 이후, 특히 수하르토 집권 이후에 계속되었다.

배를 탔습니다.

부루 수용소 수감자들은 어떤 사람들이었습니까?
인도네시아 사회 각계각층의 사람들이었죠.

선생님이 1969년에 도착했을 때 부루 수용소는 상대적으로 아직 작은 시설이었고, 1970년대 초반에야 확대된 것으로 알고 있습니다. 도착했을 당시 수감자는 몇 명이었고, 최대 몇 명까지 늘어났습니까?
최초 수감자가 나를 포함해서 5백 명이 있었죠. 당시 부루 섬 북쪽에는 도로가 전혀 없었고, 남쪽에도 거의 없었습니다. 결국 170킬로미터가 넘는 도로를 수감자들이 직접 건설해야 했죠. 나중에는 수감자가 훨씬 늘어 1만4천 명에 이를 정도였습니다.

수용소의 상황은 어땠습니까?
내가 알기로 수용소 건물은 콘크리트로 토대를 만들고 강한 나무 대들보를 사용해야 한다는 식의 규정을 준수해서 만들게 되어 있습니다만, 현실은 너무 달랐죠. 막사의 벽과 지붕은 그냥 나뭇잎으로 만들어졌습니다. 수용소 전역이 가시철조망으로 둘러싸였죠. 모든 수감자가 들판에서 일해야 했습니다.

선생님은 어떤 일을 했나요?
수로를 파고, 관개 시스템을 돌보고, 도로를 건설하고, 논일을 했죠. 급기야 나는 이 강제 노동을 스포츠로 여기자고 결심했습니다. 어쩌면 난 부루에 가지 않았다면 벌써 죽었을지도 몰라요. 그전까지만 해도 책을 읽고, 타자를 치고, 담배 피우는 일만 했으니까요. 부루에서는 점점 건강해지고 강해졌습니다.

수감자들이 고문을 당했나요? 많은 수감자들이 감금해 있던 중에 죽지 않았습니까?

그렇습니다. 고문만 받은 게 아니라 살해당하기도 했죠. 이에 대해서는 나중에 『벙어리의 독백』이라는 책에 썼습니다. 나는 고문을 받지는 않았는데, 아마 해외에서 이미 내 소재를 파악하고 내 상태를 살피고 있었기 때문일 겁니다. 다른 수감자들은 상황이 달랐습니다. 내가 수용된 곳에서 멀리 떨어진 곳에 수감자를 고문하고 죽이기 위한 용도로 만든 작은 오두막이 있었습니다. 내가 있던 곳은 섬 중심에서 가까웠던 반면, 그 오두막은 항구 쪽에 있었죠. 한번은 정치범 하나가 도망치는 장면을 보았습니다. 그 수감자가 달릴 수 없게 되자, 그를 쫓던 마차가 그대로 밟고 지나가더군요. 직접 목격한 일입니다. 수용소에서 구타는 아주 일상적이었어요.

수용소 생활의 예를 들어 보죠. 몇몇 수감자들은 먹고살기 위해서 가축과 새를 길렀습니다. 어떤 수감자가 매일 닭을 한 마리씩 도둑맞았어요. 몹시 화가 난 그는 도둑을 찾기 시작했습니다. 어느 날 그는 닭을 숨겨 새장을 비워 놓고는 소똥을 갖다 놓았습니다. 도둑이 바로 군인들이라는 걸 몰랐던 거죠. 닭을 훔치러 갔는데 소똥만

발견한 군인들은 날이 밝자 우리 모두를 불러 놓고 누가 그 새장의 주인인지 물었습니다. 주인이었던 수감자는 모두가 보는 앞에서 잔혹하게 얻어맞았어요.

또 이런 일도 있었습니다. 부루에 있던 내 친구들 중 하나가 물고기를 키우려고 연못을 만들었는데, 물고기가 계속 없어졌어요. 이 친구는 그게 군인들 짓이라는 걸 알았죠. 그런데 이 친구가 자기들의 행동을 조사했다는 걸 알게 된 군인들이 그를 그 자리에서 총으로 쏘아 버렸습니다. 그는 그렇게 죽었어요.

수용소에서는 독서가 금지되어 있었는데, 내 친구 하나가 자기 숙소에 신문 조각을 숨겨 놓았습니다. 그걸 발견한 군인들은 그를 포박해 끌고 갔고, 이틀이 지난 후 우린 그의 시체가 강에 떠다니는 걸 발견했습니다.

다른 지인들 몇이 논에서 일을 하고 있었죠. 그들은 비료를 쌓아 둔 오두막에서 점심을 먹었습니다. 그때 군인들이 나타났는데, 하얀 가루로 된 비료를 보고선 설탕이라고 생각했나 봅니다. 군인 한 명이 비료를 입에 넣었다가 바로 토해 냈어요. 군인들은 그들이 거짓말을 했다고 억지를 부리면서, 당시 오두막에 있던 사람들에게 욕설을 퍼붓고 무자비하게 구타를 가했습니다.

한번은 총에 맞을 뻔한 일도 있었습니다. 내 친구 하나가 발포 전에 그 군인이 들고 있던 총의 개머리판을 건드려서 살았습니다. 그들이 나를 죽이려던 것은 내 옷 때문이었습니다. 부루로 이송될 때, 각 수감자는 옷을 두 벌만 가져갈 수 있었습니다. 매일 들판에서 일을 해야 했기 때문에 내가 가진 옷은 결국 다 해어졌죠. 잘 때 입을 여벌의 옷이 필요했습니다. 옷이 누더기가 되자 나는 비닐 부대로 팬티를 만들어 입었죠. 군인들이 그런 나를 보고서는, 내가 그런 거나 걸쳐 풍속을 무시했다며 악을 쓰더군요. 단지 그 이유로 정말 나를 쏘려고 했어요!

이것 하나는 확실합니다. 국제사회가 관심을 가지고 내 상황을 주시하지 않았다면, 나는 벌써 죽었을 겁니다.

많은 사람들이 살해당했죠. 탈출을 기도했다는 이유로 죽은 사람도 있고, 그 밖의 여러 가지 이유로 많은 사람들이 처형당했습니다. 부루에서 얼마나 많은 이들이 그런 식으로 죽은 건가요?

거기서 죽은 2백 명 중에서 30명 이상은 살해된 겁니다. 『벙어리의 독백』에도 그렇게 기록했는데, 내가 수를 정확히 기억하고 있는지는 모르겠습니다. 그 책은 이미 영어·스페인어·포르투갈어로 번역되었죠.

어느 시점에선가 선생님이 부루 수용소에서 글을 쓸 수 있게 되었고, 가장 유명한 연작인 '부루 4부작'을 그곳에서 집필했습니다. 당시 종이와 펜을 지급받았나요? 하루에 쓸 수 있는 양이 제한되어 있었습니까?

내가 글쓰기를 허가받은 건 외부의 압력 때문이었습니다. 1973년 어느 날, 수미트로* 장군이 수하르토의 명령이라며 나를 찾아왔습니다. 이제는 글을 써도 된다고 하더군요. 우선 종이가 필요했는데,

종이는 가톨릭교회를 통해 얻을 수 있었습니다. 그렇지만 정치범 생활을 오래 하다 보니, 결국 당국이 내 작품을 압수하리라는 것쯤은 짐작할 수 있었습니다. 그래서 사본을 몇 부 만들었어요. 하나는 동료 수감자들에게 배포했고, 교회로 보낸 사본은 부루 섬에서 밀반출되어 유럽·미국·오스트레일리아로 전해졌습니다. 결국 내 예상이 맞았어요. 부루를 떠나기 전, 그들은 원고를 모두 압수했습니다. 심지어 수하르토에게 받은 개인적인 편지까지도 압수했죠.

수하르토의 편지요?

예. 편지에 이렇게 썼더군요. 인간은 누구나 실수할 수 있지만, 그것을 개선하려는 용기를 가져야 한다고.(웃음)

부루에서 가톨릭교회가 적극적인 역할을 하고, 많은 수감자가 이슬람에서 가톨릭으로 개종했다는 게 사실인가요?

그랬습니다. 정부가 부루로 보낸 무슬림들은 우리의 악행에 대해 계속 설교했죠. 그들이 반복하던 문장 하나는 확실히 기억납니다. "꼴 좋소이다. 아주 겁먹은 강아지 꼴이구먼." 그 무슬림들은 부루 수용

---

* **수미트로**Sumitro, 1927-98___ 페타 출신의 장군으로, 수하르토 집권 과정과 정권 초기에 그의 최측근이자 실세 가운데 하나였다. 수하르토 정권의 비밀경찰 수뇌부로도 활동했지만, 1973년부터 군이 정치에 과도하게 개입한다고 비판하면서 반정부적 성향을 보였으며 1974년 이후 공직에서 물러났다.

소에 올 때마다 우리를 욕하고 비웃었어요. 그들 모두가 말이죠. 그렇지만 무슬림들이 계속 우리를 모욕할 때, 기독교인들은 우리를 도와주었습니다. 그들은 우리에게 옷과 안경을 주었어요. 그래서 많은 사람들이 가톨릭과 개신교로 개종하겠다고 마음먹은 겁니다.

수감자들이 자유롭게 다른 '공인' 종교로 개종할 수 있었나요?
은밀히 해야 했죠. 정부가 교회를 짓는 일에 도움을 줄 리도 없었기 때문에, 수감자들이 직접 교회를 세워야 했습니다.

1979년 수하르토 정권은 결국 그 수용소를 폐쇄하기로 결정했습니다. 부루 섬 다음에 어디로 보내졌나요?
나는 최후의 수감자들 중 하나였죠. 그런데 집으로 돌아갈 때가 다가오면서, 우리가 풀려나지 못할 거라는 얘기를 들었습니다. 책임자들은 우리를 누사캄방안에 있는 다른 감옥으로 보낼 거라고 위협했지만, 국제사회가 격렬히 항의했기 때문에 그들은 우리를 마글랑*으로 옮겨야 했죠.
　부루를 떠나 자바에 도착한 뒤 그들은 우리를 마글랑으로 가는 버스에 태웠습니다. 나중에는 스마랑으로 이송되었는데, 거기서 관리들은 우리를 외국 외교관들 앞에 정렬시키고서는 우리가 곧 풀

● **마글랑**Magelang＿＿ 중부 자바의 주도(州都)인 스마랑(Semarang)에서 남쪽으로 75킬로미터 떨어진 도시.

려날 것이라고 거듭 약속했습니다. 그리고 스마랑에서 자카르타의 치파낭Cipanang 감옥으로 이동했죠. 결국 거기서 풀려나기는 했지만, 완전히 자유의 몸이 된 것은 아니었습니다. 여전히 일주일에 한 번씩 지방 군당국에 보고해야 했죠. 2년 후에는 한 달에 한 번이 되었고, 1992년에는 이제 보고하지 않겠다고 선언했습니다. 그 뒤로 매주 정보장교 한 명이 나를 방문하고 있죠.

집으로 돌아온 기분은 어땠습니까?
똑같았어요. 모든 불의라는 것은, 설사 자신의 마음속에 있는 것이라도 대항해서 싸워야 하는 것이었고 나는 그렇게 했습니다.

가족들은 어떤 상태였나요?
고생을 많이 하기는 했지만, 그래도 내 가족들은 다른 수감자의 가족들보다는 훨씬 나은 편이었습니다. 국제적 지원과 연대를 받았던 덕분이죠. 게다가 아내는 조그만 음식 장사를 시작했어요. 내가 감옥에 있는 동안 이웃들은 내 가족을 피했습니다. 겁을 먹은 나머지 우리 가족과 가까이 있는 모습이 눈에 띄는 것조차 피하려 한 거죠. 그렇지만 처가 식구들은 그 상황을 받아들이고 도움을 주었습니다. 아이들의 경우 학교에서 선생들이 친절하게 대해 줬습니다만, 그건 주로 그때 이미 내가 작가로서 많이 알려졌기 때문이었죠.

이웃들은요? 선생님이 투옥된 동안 그들은 가족들을 어떻게 대했나요? 돌아온 후에는 또 어떤 반응을 보였습니까?

이웃들의 반응에는 뭔가 두려움이 내포되어 있었는데, 이해할 수 있었습니다. 그들은 이전에 내 가족에게 했던 것처럼 나를 피하려고 했죠. 대체로 희생자 가족들은 사회로부터 소외되었습니다. 그들과 관계를 맺으려는 사람들이 없으니까요.

집으로 돌아온 후 과거를 받아들일 수 있었나요?

지금까지도 여전히 악몽에 시달립니다. 하룻밤이라도 악몽 없이 지나가면 얼마나 좋을까요. 내 악몽들은 여러 형태입니다. 가끔은 군대에게 쫓기죠. 고문을 당하는 꿈도 꿉니다. 강제 노동을 하는 것은 좀 가벼운 악몽에 속해요. 이런 기억들은 절대 완전히 사라지지 않습니다.

다시 적응하기까지 얼마나 힘들었습니까? 가족이나 친구들이 선생님이 겪은 일들을 이해하던가요?

가족과 친구들에게는 설명할 필요가 전혀 없었습니다. 그들은 내가 돌아가기 전에 다른 정보원을 통해 이미 모든 것을 알고 있었으니까요.

선생님은 강제로 세상에서 격리되어 수용소와 감옥에서 처참하게 생활해야 했습니다. 수하르토가 만든 사회는 이전과 판이하게 달랐을 텐데, 그게 선생님에게 어떤 영향을 끼쳤나요? 그 변화에 충격을 받았습니까?

전혀 놀라지 않았습니다. 충격을 받지 않았어요. 그 끔찍한 사건들 이후로 난 그렇게 될 줄 알았습니다. 인도네시아 인들, 특히 엘리트들은 역사에서 아무것도 배우려고 하지 않아요. 나는 갈 길을 잃어버린 나라로 돌아온 셈이었죠.

풀려났을 때 건강은 어땠습니까?

(웃음) 사실 매우 건강했어요. 체포되기 전보다 더 건강했습니다. 체격도 좋아지고, 힘도 세지고, 레슬링 선수 같은 몸을 만들었죠. 몸무게가 70킬로그램이나 나갔습니다. 도끼를 한 손으로 쥐고 나무를 벨 수 있을 정도였죠. 그렇지만 2000년에 뇌졸중에 걸리고부터 모든 힘을 잃었습니다.

3
문화와 '자바주의'

선생님은 종종 자바주의가 인도네시아 문화에서 가장 심각한 문제라고 얘기해 왔습니다. 자바주의에 대해 좀 더 설명해 줄 수 있을까요?
자바주의란 윗사람에게 맹목적으로 충성하고 복종하는 것이며, 결국 파시즘으로 이어집니다. 여기선 자바 파시즘이라고 부르기로 합시다. 이건 수하르토 시기에 만연한 체제죠.

'자바 파시즘'은 정확히 무엇을 의미하나요?
자바주의와 마찬가지입니다. 윗사람에게 맹목적으로 충성하고 복종하면서, 나머지 사람들을 존중하지 않는 것입니다. 그렇기 때문에 자바가 수 세기 동안 외세의 지배를 받았던 겁니다. 자바 엘리트들은 향료를 찾던 식민주의 세력과 협력했죠. 사람들은 엘리트에게도, 식민주의자들에게도 감히 도전하지 못했습니다. 식민주의 초기부터 엘리트들은 식민지 세력에게 매수되었고, 자바는 전투 한 번 치르지 않고 적의 손에 떨어졌습니다. 윗사람들에게는 윤리라는 게 없었고, 지금도 전혀 달라지지 않았습니다. 오늘날 전 세계의 약탈자들이 우리의 바다를 약탈하고 있지만, 외국의 침략에 맞서 싸워야 할 무장 세력은 오히려 자기 국민과 싸우고 있습니다. 내가 겪은 일들을 한번 보세요!

　심지어 자바의 언어조차 위계적입니다.* 윗사람을 칭송하기 위해 만들어진 것처럼 보일 정도입니다. 그런 태도가 정치 영역에 적용되면 파시즘이 되어 어떤 반대도 용납하지 않게 됩니다.

몇 가지 예를 들어 주실 수 있습니까?
좋습니다. 자바주의의 예를 들어 보죠. 난 일본 점령기를 경험했습니다. 우리의 정신세계, 즉 자바주의에 대해 알고 있던 일본은 자신의 이익을 위해 이를 이용했어요. 일본은 마을 수장들을 비롯한 지방 행정기관에 명령을 내려보냈지만, 그들의 권위만큼은 절대 빼앗지 않았습니다. 그러면 그 수장들은 자발적으로, 수백 수천의 마을 사람들을 차출해 인도네시아 안팎에 강제 노동자로 보냈습니다. 수많은 사람들이 죽거나, 고향으로 돌아가지 못했죠. 이런 상황이 벌어졌음에도 사람들은 계속 (일본인들에게서 하달된 대로 따르는) 마을 수장들의 명령을 이행했습니다. 내 눈으로 직접 봤습니다. 이게 자

---

* 자바어는 높임말이 정교하게 발달해 언어의 위계에 따라 사용하는 어휘 자체가 달라진다. 기본적으로 가장 위계가 낮은 언어를 응고코어라고 하며 친한 사이에서나 윗사람이 아랫사람에게 말할 때 사용되고, 가장 위계가 높은 크라마어는 공식 석상이나 아랫사람이 윗사람에게 얘기할 때 사용된다. 그 중간 수준에서는 마디야어가 쓰인다.

바주의예요. 윗사람의 명령에는 항상 복종해야 한다는 불문율이죠.

다른 예를 들어 볼까요. 16세기에 우리 자원을 약탈하기 위해 네덜란드에서 항해해 온 이들은 마을 수장들의 저항을 막기 위해 그들에게 금과 은을 안겼습니다. 마을 사람들도 고위 권력에 대해 갖는 깊은 존경심 때문에 감히 저항하려고 하지 않았습니다. 이게 자바주의입니다! 온 나라가 약탈을 당했는데, 외국 침략자들과 지방 엘리트들은 이익을 얻었죠. 지금 일어나는 일들도 크게 다르지 않습니다.

세계의 위대한 문화 중에서 인도네시아 문화는 여전히 알려지지 않은 편에 속합니다. 어째서 인도네시아 문화는 내향적이기만 할 뿐 국경 밖으로는 영향력이 없을까요?

위대한 인도네시아 문화라고요? 동의할 수 없습니다! 인도네시아 문화는 빈약합니다. 도대체 거기 실제로 뭐가 있는 거죠? 진정한 인도네시아 문화는 아직 태어나지도 않았습니다. 인도네시아 문화라고 알려진 것은 그저 어떤 지역 혹은 지방의 문화라고 할 수 있겠죠. 인도네시아 문화라고 할 만한 게 뭐가 있습니까? 문학에는 좀 있겠군요. 인도네시아어로 쓴 작품이니 인도네시아 문화라고 할 수는 있을 겁니다. 그 밖에 뭐가 있나요? 그저 발리의 춤과 같은 지역 문화 양식이 약간 있을 뿐입니다. 모든 주州, 특히 아체 같은 곳에는 어느 정도 민속이란 게 있죠. 그렇지만…… 문화요?

지난 1백여 년간 자바가 모든 것을 지배해 왔습니다. 내가 생각하기에, 젊은 세대는 낡은 문화를 잊고 새로운 문화를 창조해야 합니다. 슬프게 들릴지도 모르지만 사실이 그런 걸요.

우리가 수 세기 동안 지배를 받은 건 우리 문화가 지배자들의 문화를 능가하지도, 그에 미치지도 못해서 맞서 싸울 수가 없었기 때문입니다. 우리의 가치관 또한 그리 대단한 게 아니예요. 끊임없이 자기 문화를 칭송하는 인도네시아 인들에게 난 계속 "도대체 칭송할 게 뭐가 있다는 거야?"라고 묻습니다.

선생님은 아마도 가장 솔직하게 자바 문화를 비판하는 사람일 겁니다. 작가로든 사상가로든 일관되게 비판적이었습니다. 그런데 개인적인 삶에서도 자바주의에 저항한 적이 있었습니까? 가족들에게 다른 사회 구성원들과 다르게 행동하도록 했다든지, 뭔가 가족 내에서 자바주의에 반기를 든 적이 있었나요?

물론이죠! 가령 나는 집에선 자바어를 사용하지 않습니다. 아까 말했듯이 자바어의 위계적 구조가 자바 파시즘으로 이어지기 때문에 자바어를 절대 사용하지 않습니다. 자바어를 쓰면 아주 오싹한 기분이 들어요.

그리고 자녀들과 손자들에게 자유에 대해서 가르쳤습니다. 거기서 뭘 얻는지는 그들에게 달려 있죠. 나는 그들에게 각자의 행동에 대해서 책임을 지라는 것 한 가지만 요구합니다. 그게 다예요. 그러려면 용감해야 합니다. 나는 자녀들에게 자유를 주었고, 그들에게 자신의 삶에 책임을 지라고 말했죠. 그래서 손자들이 계속 돈을 달라고 조를 때면 기분이 상합니다. 나는 평생 그래 본 적이 없거든요.

14년 동안의 투옥 생활이 가져다준 부정적인 결과 중 하나는, 내가 자식들을 교육시킬 수 없었다는 겁니다. 가장 큰 손실이라고 생각합니다. 정말 곤란해요. 손자들이 돈을 달라고 할 때면, 그게 내가 감옥에서 보낸 세월의 부산물처럼 느껴집니다.

문화를 바꾸기 위해서는 용감해야 합니다. 최근 나는 일군의 젊은이들을 초대한 적이 있어요. 그들에게 이렇게 말했습니다. "젊은이들! 용감해지지 않으면, 결국 먹고 번식만 하는 가축처럼 되고 말 걸세."

어렸을 때는 항상 아버지에게 반항했습니다. 드러내 놓고 말하지 않더라도 행동으로 그렇게 했습니다. 그렇지만 어머니에게는 반항한 적이 없습니다. 어머니를 존경했거든요. 지금의 나를 만들어 준 분입니다. 어머니는 이렇게 말씀하시곤 했죠. "절대 구걸하지 마라. 자주적으로 사는 방법을 배우고, 항상 네 자신의 힘으로 살아라. 너는 유럽에서 공부하고, 그곳에서 학업을 마쳐야 한다." 당시 아주 가난하게 살았음에도 어머니는 거리낌 없이 그렇게 말씀하셨죠. 그런 분이었습니다. 나는 지금까지도 어머니의 말씀을 실천하기 위해 노력했습니다. 이 세상에 있는 그 누구보다도 어머니를 존경해 왔어요.

쿠데타 이후, 즉 1965년 이후 유혈 사태가 벌어지고 난 뒤 인도네시아 문화는 어떻게 되었습니까?

그 이후로는 인도네시아 문화라고 부를 만한 게 전혀 없습니다. 파괴되고 총체적으로 붕괴했을 뿐입니다. 사실 쿠데타 이전에도 인도네시아 문화란 상상 속에나 존재했습니다. 애초부터 중국 문화와는 전혀 달랐죠. 중국인들이 수 천 년에 걸쳐 걸작을 써내고 모든 것을 기록으로 남기는 동안, 인도네시아 인들은 권력과 충성에 대해서만 글을 써왔습니다. 특히 지금, 인도네시아의 지식인들은 극소수에 불과합니다. 인도네시아에 대한 거의 모든 주요 저작은 외국인들이 쓴 것입니다.

두 달 전 욕야카르타에서 만난 위대한 인도네시아 화가인 조코 프킥Djoko Pekik은 쿠데타 후 인도네시아의 모든 중요한 예술가들이 투옥되거나 쫓겨났다고 얘기해 주었습니다. 1965년 이후 문화적 창의성이 파괴되었다는 그의 말에 동의할 수 있나요?

그들은 단지 예술가여서 체포된 것이 아닙니다. 수카르노 지지자는 거의 빠짐없이 체포되었고 많은 이들이 살해당했죠. 당시 정권은 그들이 예술가인지는 별로 신경 쓰지 않았을 겁니다. 체포되지 않은 예술가들은 신질서라는 새로운 지배 체제를 받아들이고 수하르토의 통제를 받았습니다. 수하르토는 정말 무지한 사람입니다. 심지어 그가 쓰는 자바어는 형편없어요.

인도네시아 문화 안에, 뭔가를 믿어야 할 필요성과 믿고자 하는 열망이 뿌리 깊이 박혀 있다는 것이 사실인가요? 가족제도, 종교, 지도자, 민족주의 등에 대한 믿음 같은 것 말입니다.

[자바의] 가족들은 제대로 교육을 받지 못했고, 그러니 자식들도 제대로 가르칠 수가 없습니다. 자바인들이 생산적이지 못한 이유입니다. 그들은 그저 소비할 줄만 압니다. 아무것도 생산할 수 없으면 남의 종복이 됩니다. 생산 없이는 정체성도 형성될 수 없는 거예요! 인도네시아에는 노동력이 풍부하기에 사람을 많이 수출하고 있습니다. 현재 세계에서 값싼 노동력을 가장 많이 수출하는 나라 가운데 하나죠. 그들은 명령받은 일만 할 수 있고, 돈만 지불하면 누구의 명령이라도 받아들입니다. 창의성은 아직 다룰 문제가 아닙니다. 그들에게는 창의성도 절대적으로 부족하지만, 창의성을 갖추기에 앞서 생산하는 법부터 배워야 합니다.

그런데 당신이 한 질문에 답하자면, 인도네시아 인들은 여전히 신화를 믿고 있어요. 합리적 사고는 외부에서 들어온 것이고, 인도네시아 인들은 그저 그런 것이 있다는 것만 배우고 있죠. 이 나라의 보통 사람들은 여전히 가슴 아플 정도로 뒤처져 있습니다. 말레이시아와 비교해도 엄청나게 뒤처져 있어요. 부패가 계속 만연해 있는 것을 보면서 인도네시아 인들이 무슨 생각을 하는지 알게 되는데, 그렇더라도 내가 어떻게 할 수가 없습니다. 내가 영향을 끼칠 수 있는 자리란 그저 강연 초청을 받았을 때인데, 지난번 대중 앞에서 했던 강연의 주제가 바로 인도네시아 문화의 저급성이었습니다.

그런데 강연이 끝난 뒤에도 객석의 청중들은 내가 하는 말을 이해하지 못하더군요. 그들은 여전히 자기들의 문화가 수준이 높다고 믿고 있습니다. 그래서 계속 [인도네시아 문화를] 미화하는 거예요.

인도네시아의 젊은 세대는 극도로 보수적이고 수직적이며 경직된 가족 구조 아래 사고방식을 주입받고 있는 것 같습니다. '공식' 종교 가운데 하나를 갖지 않는 것은 생각할 수도 없죠. 종교에서 벗어나기로 결정한 사람들은 대부분 가족과 사회로부터 파문당하거나, 심지어 살해당하기도 하니까요. 선생님은 젊은 세대가 가족과 종교에 저항해야 한다고 말하는 건가요? 저항을 하든 하지 않든 간에, 젊은 세대는 어떻게 합리적이 될 수 있고, 어떻게 생각해야 할지에 대해 배워야 합니다. 나는 종교가 사람들에게 구걸하는 법만을 가르친다고 생각하지만, 아마 다른 사람들은 이런 내 생각에서 모욕을 느낄 수도 있겠죠. 그렇지만 신이 공정하다고 얘기하는 그들이, 도대체 이 세상 어디에 그 공정함이 있는지 보여 줄 수 있을까요? 또한 이 땅의 모든 것은 인간의 노력에 달려 있다고 생각하는 나로서는, 신이 전지전능하다는 말에도 동의할 수 없습니다. 위를 향해 뭔가를 기대하기보다는 자신의 힘에 의지하는 편히 훨씬 낫죠. 비이성적으로 생각하고 행동해서는 안 됩니다. 비이성적 기대를 가져서도 안 됩니다. 다시 말하지만 이건 내 생각일 뿐이고, 종교적인 사람들은 이런 얘기를 거리낌 없이 한다고 내게 화를 낼 겁니다. 그렇지만 나는 인생에서 38년 동안, 가진 걸 빼앗기고, 투옥되고, 고문당하며 지냈습니다. 내가 어떻게 그런 상황을 초래한 모든 것에 반기를 들지 않을 수 있겠습니까?
 부모가 올바르지 않은데, 왜 나이가 많다는 이유만으로 자식들이 그들을 공경해야 합니까?

인도네시아에서 주류에 저항하기란 얼마나 어려운가요? 종교가 인도네시아 사회에 많은 부정적 영향을 끼쳤습니다만, 누구도 감히 종교를 비판하지 않습니다. 인도네시아 인들은 어떤 반종교적인 책이나 논문, 영화도 가까이하지 못합니다. 심지어 선진 세계의 대다수가 종교의 가르침에 흥미를 잃었다는 사실조차 잘 모릅니다. 공식적으로 인도네시아 인의 97퍼센트가 종교를 가지고 있다고 합니다. 선생님의 책에서 종교에 대한 비판은 보지 못했는데, 어떤 이유에서인가요?
종교를 비판하기란 극히 어려운 일입니다! 종교는 사람들에게 천국을 꿈꾸게 하고 그 밖에 여러 가지를 제공합니다. 그러나 한편으로는 테러리즘이 발생한 원인도 항상 종교에 있습니다. 자살 폭탄 테러를 보세요. 그들은 자신과 종교가 다르다는 이유로 상대방을 죽이려고 합니다. 그리고 그런 행위가 내세에 자신들에게 큰 보상을 줄 것이라고 믿죠. 극단론자들과 이성적으로 얘기하는 게 얼마나 어려운지 알 겁니다. 종교는 신이 천국을 약속한다고 가르치지만, 실제로 그건 사람들이 만들어 낸 거죠.

종교가 점점 더 사람들의 생활을 통제하고 있는데, 책에서 종교적 교화에 대해 비판하지 않았던 것을 후회하지는 않습니까?

다시 말하지만, 인도네시아에서 종교를 비판하기란 정말 어렵습니다. 이성적으로 봤을 때 인도네시아 인들은 여전히 거지 근성을 가지고 있습니다. 자기 힘으로 해내려고 하지 않으면서 늘 위로부터 뭔가를 얻기를 바라죠. 그러므로 종교를 비판한다는 건 사회 전체에 도전해야 한다는 것을 의미하는데, 나는 그걸 감당할 만큼 강했던 적이 없습니다. 천국을 약속받은 사람들은 때때로 지나치게 용감해진 나머지 집단 차원에서 무슨 일이든지 저지르더군요. 인도네시아의 테러리스트들을 보세요. 그들은 사형이 언도되어도 웃습니다!

간혹 인도네시아 인들은 생각하는 것 자체를 두려워하는 것 같습니다. 종교만이 아니라 중요한 가치를 지닌 모든 문제에 대해서요. 국가는 물론 사회에서도 심각한 주제가 다루어지지 않도록 검열하는 것처럼 보입니다. 모든 토론이 피상적으로만 이루어집니다. 마치 생각하고 분석하는 것만으로 현재 인도네시아 인들이 처한 끔찍한 상황이 드러날지 모른다는 두려움이 존재하는 것 같더군요.

그렇습니다. 그리고 그것은 국민 스스로 뭔가 배우기를 거부하기 때문입니다. 자바 문화를 구성한 것이 뭔지 잊지 마세요. 모든 사상적 개념들은 외부로부터 왔고, 우리 조상들에게서 전해진 것은 아무것도 없죠. 그 사실을 잊지 마세요! 법, 평등, 인본주의 등 모든 것이 인도네시아 인에게는 새롭습니다. 이들은 판차실라가 도입되면서 비로소 인본주의에 대해 배웠습니다.

부모는 자식을 초등학교에 보내자마자 돈을 갈취당합니다. 고등학교나 대학에 보낼 때도 마찬가지입니다. 그러나 그 자식들은 애써 졸업해 봐야 실업자가 됩니다. 왜 그럴까요? 우리 학생들이 창조적이고 생산적인 사람이 될 수 있는 교육을 받지 못했기 때문입니다. 사람들은 그저 서류상으로만 교육을 받는 겁니다. 이 체제는 '창고 과학자'warehouse scientists*라는 종種을 만들어 냅니다.

선생들도 나을 게 없습니다. 얼마 전에 인도네시아 역사 다시 쓰기와 관련된 경연 대회에 대한 글을 읽었습니다. 학생들과 선생들이 모두 참가했는데, 누가 졌는지 압니까? 선생들이에요! 이곳의 상황을 확실히 보여 준 셈이죠. 그러니 그들에게서 깊이 있는 사고를 기대하지 마세요.

상황은 부정적이지만 그 안에서 어떤 긍정적인 변화가 일어날 조짐이 있습니까?

이 질문을 내게 해선 안 되죠. 변화는 좀 더 젊은 세대의 의무입니다. 예, 그건 전적으로 젊은이들에게 달린 일이죠. 그러나 우리 젊은 세대들은 자신의 지도자조차 만들어 내지 못하고 있습니다!

---

* 창의적으로 뭔가를 생산해 내는 것이 아니라, 기계적으로 창고에 물건을 쌓거나 분류하듯 기존 이론이나 주어진 틀에 사례를 대입하기에 급급한 세대를 비판하는 것으로 보인다.

3. 문화와 '자바주의' 109

그렇지만 이 젊은 세대는 잘못된 정보와 일방적인 주입식 교육을 제공해 통제를 강화한 전제적인 독재 체제 아래에서 자라났습니다. 지금의 젊은 세대는, 적어도 1965년 이전에 어떤 자유와 대안을 경험했던 이전 세대보다 더 나쁜 상황에 놓인 게 아닐까요?

동의합니다. 그리고 그것이 젊은 세대의 주된 문제 가운데 하나겠죠. 그러나 그들이 아니면 누구에게 이 나라가 의지할 수 있을까요? "청년의 서" 이래, 인도네시아 역사는 언제나 젊은이들이 만들어 왔습니다. 최근 역사만 봐도 수하르토를 끌어내리는 일을 해냈죠.

나는 그들에게 "너희의 문제는 스스로 자신의 지도자를 찾아 내지 못하는 점이야."라고 계속 얘기합니다. 나는 젊은이들에게 이 문제에 관해 자주 얘기하면서 한데 모여 힘을 집결하고, 전국 청년 회의를 열어 진정한 지도자를 선택할 수 있는 기회를 만들라고 당부했습니다. 그러나 지금까지 그런 류의 운동은 없었습니다.

앞서 서구의 합리주의와 논리, 인도네시아의 후진성에 대해 언급했습니다. 그런데 서구의 '합리주의와 논리'가 제국주의와 식민주의로 발전하고, 심지어 1965년의 쿠데타를 지원하는 데까지 이르게 한 것은 아닐까요?

아니죠. 당신은 부정적 결과 하나만 이야기하는 겁니다. 합리주의와 논리에는 긍정적 요소들이 많습니다. 반대로 생각해 보세요. 수하르토는 이성적으로 생각하지 않았습니다. 오직 본능에 충실했습니다.

나는 모든 것을 변증법적으로 보려고 노력합니다. 서구 식민주의도 어떤 혜택을 가져왔습니다. 예를 들어, 인도네시아의 통합을 고안한 것은 네덜란드입니다. 네덜란드 인에게서 행정과 통치에 대해 배웠습니다. 법치와 교육에 대해서도 배웠죠. 그런데 우리는 그렇게 배운 것들로 대체 무엇을 하고 있나요? 교육은 학생들을 세뇌하고 그들에게서 돈을 강탈하는 억압 수단이 되었습니다. 이런 일이 초등학교부터 대학교에 이르기까지 만연해 있습니다. 그러고 나서 졸업하면 많은 학생들은 실업자가 됩니다. 이게 오늘날의 인도네시아예요!

서구 제국주의 세력은 현재의 라틴아메리카 지역에서 수백만 명의 인명과 모든 문화를 파괴했습니다. 또한 그들은 아프리카 대륙 거의 전체와, 인도네시아를 포함한 아시아의 많은 지역을 파괴했습니다. 인도네시아는 네덜란드 식민 지배 아래 약탈당하고 착취당했죠.
그게 당시의 [지배적인] 시대적 조류였습니다. 그 시기에 식민주의는 피할 수 없는 것이었습니다. 북반구에 의한 남반구의 수탈에 맞서 싸우거나 그런 흐름을 멈춰 세울 수 있는 사람은 없었습니다. 식민주의를 막을 수 있었다고 생각하는 건 말이 안 되죠. 북반구가 너무나 강력했거든요. 사실입니다. 당시의 시대적 조류가 정말 그랬던 거죠. 우리는 서구에 대해서, 그리고 그들에게서 배울 수 있었습니다. 인도네시아를 통합한 것은 우리가 아니라 외국인이었습니다.

그렇지만 1965년에 발생한 사건은 선생님이 말하는 '서구 합리주의'의 대표적인 예가 아닌가요? 미국은 자국 내 기업을 위해, 그리고 지정학적 이해관계 때문에 인도네시아의 값싼 노동력과 시장을 필요로 했습니다. 또한 당시 국내외적으로 영향력이 매우 커져 가던 수카르노의 좌파 정권을 파괴하려는 목적도 있었죠.

그렇습니다. 미국은 전 세계를 미국 경제의 영향 아래 두려고 했습니다. 그래서 그런 계획에 반대한 수카르노를 제거하기로 한 거죠. 이는 서구 합리주의의 저급한 측면을 보여 주는 동시에, 서구 합리주의가 세계에 끼친 부정적 영향을 말해 주는 사례입니다. 물론 미국에는 부정적 식민주의의 오랜 전통이 있습니다. 이주자들이 결국 원주민 사회를 전부 파멸시켰고, [원주민 가운데] 살아남은 사람들은 존엄을 잃고 정체성을 빼앗겼습니다. 미국에 갔을 때 느꼈던 이상한 일들 중 하나는, 미국 원주민에게는 세계의 다른 민족 모두가 가진 전통 식당이 없었다는 점입니다. 오스트레일리아의 경우도 물론 마찬가지겠죠.

서구의 개입과 식민주의 없이 스스로 발전하는 게 더 낫고 자연스러운 일이 아닌가요?

그렇다면 인도네시아는 존재하지 않을 겁니다. 지역 부족들은 여전히 서로 싸우고 있겠죠. 오늘날 과거 전투에 대한 기록은 거의 남아 있지 않습니다. 기록이라는 개념도 식민 세력과 함께 들어왔죠. 네덜란드 식민주의자들이 인도네시아 지역 내에서 발생하는 부족

간 분쟁을 중단시킨 덕분에, 특히 자바에서 인구가 증가했습니다. 법과 경찰 제도도 도입되었죠. 다시 말하지만, 나는 그것을 변증법적으로 보려고 애쓰고 있어요. 과거에 부정적이었던 것은 긍정적인 결과와 상쇄되어야 합니다. 반대의 경우도 마찬가지이고요.

그럼에도 북반구가 남반구의 사람들을 돕는 게 아니라 주로 그 천연자원에 관심이 있었다는 당신 말에는 전적으로 동의합니다.

그러면 인도네시아의 가장 위대한 작가인 선생님은 이 나라가 독립을 얻은 대신 뭔가를 잃어버렸다고 믿는 건가요?

당연히 독립은 쟁취되어야 했죠. 그렇지만 독립을 얻은 이후 사람들은 법을 지키려고 하지 않았습니다. 두려움을 상실한 거죠. 현재 인도네시아 인들은 어떤 개념을 기반으로 이 나라를 건설해야 하는지에 대해 아무 생각이 없습니다. 젊은이들마저도 그저 하찮은 수다에 탐닉할 뿐, 뭔가를 성취하는 데에는 관심이 없어요. 부패 정치인을 척결하자는 운동이 있습니다만, 여기선 모든 정치인이 부패했어요!

그러다 보니 심지어 식민 정부가 지금 우리의 정부보다 훨씬 나았다고 말하게 되는 것입니다. 무척 가혹한 얘기입니다만, 주위를 둘러보세요! 현재의 대통령 후보 가운데 존경할 만한 인물은 하나도 없습니다. '인도네시아'라는 개념조차 제대로 이해하는 이가 없어요. 개인적 성취를 이룬 이도 없습니다. 그들은 그저 쓸데없는 일에 대해 얘기할 줄밖에 모릅니다. 다들 할 얘기가 없으니까, 진정한 선거 캠페인도 없어요. 내가 보기에 그들은 모두 광대입니다.

예를 들어, 인도네시아의 환경이 점점 파괴되는 것에 문제를 제기한 정치인이나 후보자는 아무도 없습니다. 삼림은 약탈되고 있고 이웃 나라들이 이를 통해 이익을 얻고 있는데, 어떤 후보자도 이 문제에 대해 토론하려고 하지 않아요. 심지어 그들은 말레이시아 노동자들이 우리 영토에 들어와서 (우리가 빤히 지켜보고 있음에도) 벌목할 수 있게 허용하기까지 했습니다! 약탈당한 삼림에 대해 책임을 지는 이가 없습니다.

그러니 지도자들에게 뭘 기대할 수 있겠습니까? 오늘날 인도네시아 지배 엘리트들은 식민 지배 세력과 똑같거나 오히려 더 나쁜 방식으로 행동하고 있어요. 그들의 관심은 이 나라에서 어떻게 돈을 짜내서 이익을 얻을지뿐입니다.

1965년 이후 인도네시아의 상황으로 돌아가 보겠습니다. 아르헨티나·우루과이·칠레·남아프리카공화국 등 예전에 독재가 있었던 지역을 보면 어느 정도는 반대나 저항이 있었습니다. 그런데 인도네시아에서는 변변한 무장 투쟁이나 저항도 없이 30만에서 80만 명에 이르는 사람들이 사라졌습니다. 어떻게 이런 일이 가능했을까요? 인도네시아의 문화, 즉 선생님이 말하는 자바주의 때문이었습니까?

우리가 어떻게 저항할 수 있었겠습니까? 모든 실권은 군부가 쥐고 있었고, 골카르가 사람들의 모든 행적을 통제하고 있었어요. 군부와 골카르의 연합이 바로 신질서 체제였죠. 그들은 정말 아무렇지도 않게 사람을 죽였어요. 쿠데타 이후 2백만 명가량이 살해되었고, 사람들은 공포에 질려 망연자실했죠. 지식인들조차 수하르토의 신질서에 반대할 엄두를 내지 못했습니다. 군부와 골카르의 뿌리는 상류층과 프리야이*들이고, 그들은 모든 사람에 대한 기록을 가지고 있었죠. 골카르가 행정 권력을 전부 장악한 상태였고, 서방 세계는 수하르토 독재를 지지했습니다. 하나같이 겁에 질린 나머지 침묵할 수밖에 없었죠. 조지 아디촌드로** 같은 사람들이 잔혹 행위를 공개적으로 비난할 수 있었던 건 그들이 해외에 있었기 때문입니다.

이 문제 역시 자바주의와 관계가 있습니다. 권력과 윗사람에 대한 복종은 전적으로 자바주의와 자바 문화에서 파생했습니다. 인도네시아 인들은 겁쟁이입니다. 지금까지도 수하르토는 기소되지 않았어요. 게다가 그 문제를 제기하는 사람은 여전히 적습니다. 보통의 인도네시아 사람들은 겁이 너무 많아서, 그저 모든 일에 "예"라

- **프리야이**priyayi __ 전통적인 자바 귀족층을 의미한다. 식민지 시기 자바에서는 이들이 대체로 지방 수령직과 고위 행정직을 담당했고, 다른 계층과 비교했을 때 더 잘 교육받고 발전된 기반 시설에도 쉽게 접근할 수 있었다. 이런 특권은 이들이 독립 이후 사회의 엘리트 계층으로 자리매김할 수 있는 바탕이 되었다. 수카르노 시기보다 수하르토의 신질서 시기에 이들의 권력이 더욱 확고해졌다.
- ** [원주] **조지 유누스 아디촌드로**George Junus Aditjondro, 1946~ __ 인도네시아의 동티모르 점령과 민주주의 탄압을 비판하는 대표적인 인도네시아 인으로, 현재 오스트레일리아에 망명 중이며 그곳의 뉴캐슬 대학에서 사회학을 가르치고 있다.

고 대답하죠. 싸울 줄 아는 사람들도 일부 있었지만 단결되지 못했습니다. 그래서 믿을 만한 저항운동을 만들어 내지 못했습니다.

인도네시아 시민들이 자국과 세계를 바라보는 시각에 대중매체가 엄청난 영향을 끼쳤습니다. 인도네시아의 대중매체에 대해 어떻게 생각합니까? 수하르토가 몰락하기 이전과 비교하면 대중매체가 조금이나마 더 자유로워졌다고 봅니까?

그들은 여전히 권력에 의해 조종당하는 꼭두각시 같아요. 엘리트와 군부를 위해 봉사하죠. 상황이 조금씩 나아지기는 합니다. 적어도 몇몇 자유로운 전자 매체가 있기 때문에, 권력 기관이 예전처럼 모든 것을 덮어두지는 못하죠. 한 가지 사례가 일전에 큰 화제가 되었던 토미 위나타Tommy Winata와 잡지 『템포』Tempo 사이의 명예훼손을 둘러싼 소송*입니다.

---

* [원주] 토미 위나타는 중국계 인도네시아 인으로 은행과 부동산 업계의 거물이자 인도네시아에서 가장 힘 있고 연줄이 많은 성공한 사업가다. 그를 비판하는 사람들은 암흑가나 군부와 결탁하고, 용역 깡패를 동원하며, 관료에게 상당한 '기부금' 등을 상납한다는 점에서 그가 인도네시아에서 가장 부패한 재벌 가운데 하나라고 주장한다. 2003년 3월 『템포』는 "토미는 타나 아방에 있는가?"(Ada Tomy di Tanah Abang?)라는 제목의 기사에서 그를 '비범한 하이에나'라고 지칭했다. 2003년 2월 중부 자카르타의 거대한 타나 아방 섬유 시장에서 약 5천5백 개의 점포를 파괴한 화재 덕분에 이익을 볼 것 같다고 암시한 그 기사를 근거로, 위나타는 『템포』에 명예훼손 소송을 제기했다.

기사를 쓴 아흐맛 타우픽(Ahmad Taufik)은 한 건축 청부업자의 말을 익명으로 인용해 위나타가 2002년 2월 난개발되어 있던 (동남아의 최대 섬유 시장인) 타나 아방 단

왜 인도네시아에서는 지적 호기심이 사라진 걸까요? 다른 독재 체제들의 경우에는 거의 대부분 지식인들이 현실을 개선하는 데 도움이 될 만한 책과 잡지를 찍어 내 몰래 배포했습니다. 많은 전체주의 사회에서 인민은 진실에 목말라 했고, 그 결과 종종 민주주의 국가에 사는 이들보다 더 많은 것을 알고 있기도 했죠. 왜 인도네시아에서는 이런 일이 일어나지 않았을까요? 어째서 인도네시아 인들은 이 나라의 과거에 대해, 세계에서 인도네시아가 차지하는 위상에 대해, 정치적·사회적 체제에 대해, 혹은 동티모르와 아체, 파푸아 등에서 일어난 잔혹 행위*에 대해 아무 관심이 없는

    지를 530억 루피아(미화 590만 달러)를 들여 개조하는 안을 자카르타 정부에 제출했다고 전했다. 타우픽은 몇 문단에 걸쳐 위나타가 그 시장 개조 계획과 관련되었다는 의혹을 부인했다고 밝혔지만, 여전히 위나타는 『템포』가 부당하게 자신의 명예를 훼손했다고 주장했다. 『템포』의 기사가 위나타의 명예를 훼손했다고 인정한 중부 자카르타 지방법원은, 위나타에게 5억 루피아(미화 5만8,580달러)를 지급하라는 명령을 템포 출판 그룹에 내렸고, 『템포』가 위나타에게 제기한 항소도 기각했다.
    사실 그 결정은 위나타가 템포 출판 그룹에 대해 거둔 두 번째 승소였다. 2004년 1월 20일 동부 자카르타 지방법원은 템포 출판 그룹 자회사의 하나인 『일간 템포』에 명예훼손을 선고했다. 위나타가 불법 카지노를 개설하려고 한다는 추측 기사를 썼다는 이유로, 위나타에게 보상금 1백만 달러를 지불하라는 판결을 내린 것이다(인도네시아에서 도박은 불법이지만, 부패한 관료들에 의해 용인된다). 법원은 『일간 템포』가 출판법과 출판 윤리 규정을 위반했다고 선고하면서, 그 기사가 낭설과 풍문에 기초했다고 판단했다. 『템포』는 이 판결에 대한 항소를 제기했다.
- 수하르토는 집권 이후 서구 자본과 결탁해 '개발'을 모색했는데, 그 자본의 하나가 서부 파푸아(West Papua), 즉 이리안 자야(Irian Jaya) 지역의 광산 개발을 담당한 미국의 프리포트(Freeport) 사였다. 이 회사는 거의 무상으로 이 지역의 금광을 개발하기 위해 토지 임대권을 획득했고, 거기서 나온 막대한 이익의 일부를 수하르토에게 제공했다.

겁니까?

어떻게 대답해야 좋을지 모르겠군요. 어릴 때부터 나는 인도네시아어·자바어·네덜란드어로 된 신문을 읽었습니다. 지금은 내 자식들과 손자들도 신문을 읽지 않습니다. 나는 그걸 이해할 수가 없어요. 왜 신문을 읽으려고 하지 않는 거죠? 왜 그저 시시껄렁한 일에만 관심을 가지는 걸까요? 그들은 읽는 문화를 잃었고, 텔레비전을 더 좋아합니다. 인도네시아 사람들 대부분이 그럴 겁니다. 이들은 그저 텔레비전 앞에 달라붙어 있죠. 지식에 대한 열망이라고는 없습니다.

인도네시아어로 된 좋은 서적이 거의 없는 건 왜일까요? 인도네시아에서 현대 사상가와 작가들의 중요 저작을 사려면 영어책 전문 서점에 가야 합니다. 영어를 이해하는 엘리트만이 책을 읽어서 그런 겁니까? 아니면 좋은 번역가들이 부족해서인가요?

인도네시아 사람들은 독립 이후에야 읽는 것에 익숙해졌어요. 그 전에는 독서라는 게 아주 예외적인 일이었죠. 독서 전통이 오래되지 않았기 때문에, 쓰거나 번역하는 전통 역시 없죠. 그게 문제입니다! 지금, 심지어 말레이시아도 우리보다 훨씬 앞서 있어요. 인구가 훨씬 적지만 그들은 우리보다 훨씬 더 의미 있는 문학작품을 만들

개발 과정에서 토지와 노동력 착취, 경제적 수탈, 강제 이주 등이 자행되어 파푸아 독립운동으로 이어졌으며 정부는 이를 무력으로 탄압했다.

어 냅니다. 아까도 얘기했지만, 인도네시아 인들은 생산하는 법을 몰라요.

　인도네시아 사업가들은 문학작품을 장려하는 데 관심이 없습니다. 여기선 책값이 싸고 소량 인쇄되기 때문에, 출판업은 결코 돈벌이가 되지 않죠. 번역료는 형편없어서, 번역도 그다지 매력적인 직업이 아닙니다. 오늘날 인도네시아에서 문학 발전을 지원할 방법은 거의 없어요. 젊은 시절 나는 먹고살기 위해서 한 달에 적어도 글을 네 편 이상 써야만 했습니다. 그러다가 『스타 위클리』 *Star Weekly*에 기고를 시작하고 나서는 한 편만 써도 한 달을 살 수 있게 되었죠. 글쓰기 자체도 아주 힘든 일입니다만, 요즘은 글을 써서 돈을 버는 게 갈수록 어려워지고 있습니다. 글쓰기를 통해 먹고살 수 있으면 가장 이상적이겠죠. 내 경우는 그게 가능하기는 합니다만, 그건 외국에서 출판된 책의 인세를 받기 때문입니다.

인도네시아의 엘리트들이 영어에 빠져 자신들의 언어를 버릴 위험성도 있을까요?

물론이죠! 인도네시아 인들은 외국에 경도되어 있습니다. [해외]여행을 많이 할수록 뿌듯해하죠. 게다가 인도네시아어 자체가 엉망이에요! 일본 점령기에 일본이 모든 적국 언어를 금지했기 때문에 인도네시아어가 확고하게 발전했습니다. 외국어로 된 모든 기술용어를 인도네시아어로 번역하기 위해 이른바 용어 위원회가 설치되었고, 인도네시아어 사용이 의무화되었죠(67쪽 각주 참조). 지금은 사람들이 인도네시아어와 외국어를 자의적으로 섞어 쓰면서 언어가 점점 진부하고 무의미해집니다. 예를 들면 "Let's go, happy-happy" 같은 거죠. 다른 나라에서는 이렇지 않습니다. 독일에서는 심지어 모든 외국어 단어를 자국어로 번역하는 걸 원칙으로 하죠.

    인도네시아 인들은 한마디로 아둔합니다! 인도네시아어 단어들은 아랍어를 포함한 많은 외국어에서 차용되었죠. '정의로운'을 뜻하는 'adil'은 아랍어에서 왔고, 'adab'(문화)과 'beradab'(교양 있는)도 그렇습니다. (비록 법이라는 개념은 서구에서 왔습니다만) '법'law을 의미하는 아랍어 'Hukum'은 말할 것도 없죠. 인도네시아 인들은 자기들이 외국어를 사용하면 더 지적으로 보일 거라고 생각합니다. 이건 도대체 어떤 종류의 지성일까요?

수하르토 시기의 유산인가요?
수하르토와 그 체제에는 이상주의라고 할 만한 것조차 없었습니다. 그렇기 때문에 우리 문화가 그저 하찮은 오락 수준으로 퇴화하고, 결국에는 믿을 수 없이 천박해져서 정상적인 두뇌를 가진 사람은 배울 게 전혀 없게 되어 버린 겁니다. 모든 게 공허해졌어요. 인도네시아 인들은 거짓된 것을 억지로 주입받고 있습니다. 텔레비전은 많은 영웅들을 보여 주는데, 사실 이 나라는 변변한 저항도 하지 않은 채 수 세기 동안 식민 지배를 받았습니다. 우리에게 무슨 영웅이 있다는 겁니까? 무하마드 야민, 마르코,* 티르토와 같이 이 민족을 발전시키려 노력한 진정한 영웅은 우리 역사책에 절대 나오지 않습니다. 수십 년간 저급한 '문화'의 집중포화를 맞고 나서, 인도네시아 인들은 오직 한 가지만 이해하고 사랑하게 되었습니다. 오락, 특히 성적으로 자극적인 오락 말이죠. 이 모든 것이 정권에 의해 계획된 겁니다. 국민들의 사고를 멈추게 해서 더 쉽게 통치하기 위해 정권이 그런 문화를 만들어 냈죠. 1965년 이후의 인도네시아 사회는 오락과 파시스트 압제라는 두 개의 기둥을 축으로 삼아 건설된 겁니다.

● **마르코 카르토디크로모**Marko Kartodikromo, 1890~1935___ 인도네시아의 언론인이자 작가, 민족주의 운동가. 1910~20년대 자바에서 사레캇 이슬람의 일원으로 활동했고, 1914년 솔로(Solo)에서 나온 『움직이는 세계』(*Doenia Bergerak*) 등 다수의 신문을 발간했으며 활발히 기고했다. 급진적으로 정치 활동을 하던 그는 공산주의 반란에 연계되었다는 혐의를 받아 1927년 파푸아의 보벤 디굴(Boven Digoel)로 유배되었고 그곳에서 사망했다.

3. 문화와 '자바주의' 121

4
글쓰기

선생님은 인도네시아 역사상 가장 위대한 작가로 손꼽힙니다. 그간 출간된 작품이 국민에게 어떤 영향을 끼쳤을까요?

'프람주의자'Pramists라고 자칭하는 청년 집단이 있죠.(웃음) 영향력은 충분한 것 같습니다. 심지어 구스 두르,* 즉 인도네시아 전임 대통령인 압두라만 와힛조차 '부루 4부작'이 자신에게는 성경과도 같다고 했으니까요. 그럼에도 여기서 사람들은 내 작품이 아니라 내 삶에 대한 글만 쓰고 있습니다. 작가로서의 나는 존재하지 않아요. 인도네시아 문학에 대한 책은 많지만, 어디에서도 내 이름을 언급하지 않습니다.**

---

* **구스 두르**Gus Dur__ 자바어로 '청년'의 존칭인 바구스(bagus)에서 딴 구스(gus)에, 압두라만 와힛(Abdurahman Wahid)의 이름에서 두르(dur)를 붙여 만든 애칭이다. 와힛에 대한 설명은 옮긴이 후기를 참조.

** 인도네시아에서도 프람은 가장 유명한 작가 가운데 한 명으로 알려져 있다. 그러나 옮긴이 후기에 언급된 것처럼, 프람의 막사이사이상 수상에 대해 동료 작가들이 반대 성명을 낸 데서 알 수 있듯이 프람은 이른바 '주류' 작가들, 특히 순수문학 계통 작가들에

나는 국내외 사람들이 나에 대해서 쓴 모든 것을 기록해 놓았습니다. 매년 기록하고 정리해서 보관해 놓았죠. 심지어 통계를 내기도 했는데, 대체로 매년 6백~1천 쪽 정도가 되더군요. 내가 수집한 자료의 일부는 미국 국회도서관에 들어가기도 했습니다. 이렇게 된 일이었죠.

2년 전에 일군의 이슬람 청년운동 조직들이 내 작품과 관련된 기록을 찾고 있었습니다.* 찾아내서는 압수해 파괴하기로 했던 겁니다. 다행히도 미국 대사관에서 내가 가진 자료를 맡겨도 된다고 해서 지킬 수 있었습니다. 상황이 안정된 후 자료를 돌려받았지만 순서가 달라져 있었습니다. 이유를 물어보니 대사관에서 그 문서들을 모두 복사해 국회도서관으로 보냈[는데 그러면서 섞인 듯하]다고 하더군요.

게서 배척받아 왔다. 프람에 대한 이들의 비판은 주로 그의 정치적 전력을 비롯한 작품 외적 요소에 집중되었는데, 여기서 프람의 한탄은 이런 상황을 안타까워해서인 것으로 보인다. 프람과 다른 작가들의 갈등에 대해서도 옮긴이 후기를 참조할 것.
* 금서로 지정되었던 프람의 책들이 해금된 지 얼마 되지 않은 2001년, 반공산주의 전선을 표방한 보수 단체들이 주요 서점을 습격해 진보적 성향의 책들을 탈취한 뒤 길거리에서 불태웠다. 이들은 인도네시아 전역에서 주요 서점을 습격하고, 진보 단체를 공격해 납치하기까지 했다. 이 일련의 폭력 사태에서 주도적 역할을 한 것이 새로 조직된 이슬람 청년운동이었다. 프람은 이 사태에 대해 다음과 같은 논평을 남겼다. "그 책들이 그들을 불쾌하게 했다면, 법정에 가서 작가를 고소하면 된다. 좀 더 발전된 모습을 보이고 싶다면 스스로 책을 써서 반론하면 될 일이다. 밖에 나가 책을 태우는 짓은 하지 말라"(Pramoedya 2001/05/10).

선생님은 인도네시아어로만 글을 씁니다. 물론 인도네시아어는 아름다운 언어입니다만, 표현이 풍부한가요? 소설을 쓰기에 좋은 언어입니까?

인도네시아어는 쓸모가 없어요. 대중매체에서 사용될 때는 더욱 그렇습니다. 복잡한 사안을 다룰 때 인도네시아어로 제대로 설명하기가 어려워지면 곧바로 영어를 쓰게 됩니다. 인도네시아어는 제한적이고 별 특징이 없습니다.

내가 감탄한 언어는 일본어입니다.

하지만 내 글쓰기에는 인도네시아어가 잘 맞는다고 생각해요. 인도네시아어에서 적절한 표현을 찾지 못하면 자바어에서 단어를 빌려옵니다. 그 밖에 뭘 할 수 있겠어요? 이제는 언어 위원회가 영향력도 없고, 인도네시아어를 보존하기 위해 규범과 규제를 강화하는 일도 하지 않기 때문에 내가 모범을 보여야만 합니다. 일본 점령기에는 적국 언어를 금지하려고 결심한 일본군이 지원을 아끼지 않아 언어 위원회가 활동적이고 효율적일 수 있었습니다. 지금은 너무 수동적이에요.

여기 사람들은 자기 언어를 발전시키는 게 중요하다고 생각하지 않아요. 인도네시아어의 역사에 대해 책을 한 권 쓴 적이 있는데, 불행히도 독재 정권 때 그들이 원고를 태워 버렸고, 결국 이후 다시 쓰지 못했습니다. 아시다시피 글쓰기라는 게 한 번 쓰고 나면 반복할 수 있는 게 아니죠.

인도네시아의 인구는 2억 명이 넘습니다. 선생님을 제외하고, 이 나라에 강력한 도덕적 목소리를 내고 저항의 상징이 될 수 있는 작가나 영화 제작자, 또는 예술가들이 있습니까?

없습니다. 젊은 작가들 중 내가 적어도 대여섯 쪽을 읽을 만한 작품을 쓰는 유일한 작가는 세노 구미라 아지다르마* 입니다만, 사실 그는 미국에서 성장했죠. 그는 다른 작가들보다 더 민주적으로 사고합니다. 그렇지만 나이든 세대의 인도네시아 작가라고 하더라도 참기 어렵기는 마찬가지입니다. 이건 내가 거만해서 그런 게 아니에요. 난 그저 사실을 말할 뿐입니다.

중국·인도·러시아·미국·브라질·일본처럼 큰 나라들에는 하나같이 유명 작가들이 많습니다. 인도네시아처럼 복잡하게 얽힌 잔혹한 역사를 가진 나이지리아**도 소잉카,*** 아체베,**** 하빌라***** 같은 세계 문학의 거장들뿐

- **세노 구미라 아지다르마**(Seno Gumira Ajidarma, 1958~ ___ 미국 태생 인도네시아 작가로 언론인이자 사진작가로도 활동 중이다.
- ** 나이지리아도 인도네시아처럼 식민 지배를 거쳐 탄생한 국가다. 19세기 후반 아프리카 서부의 나이저 강 부근을 개발하려는 영국 상인들이 왕립 나이저 회사(Royal Niger Company)를 설립해 부근의 영토를 장악했다. 이 지역은 1900년 영국 정부에 이양되어 이미 영국 보호령이었던 인근 지역과 함께 영국의 지배 아래 들어갔다. 1941년 나이저 강 일대가 공식적으로 하나의 식민지로 통합되었고, 이것이 현재 나이지리아 영토의 근간이 되었다.
  원래 지역적·문화적·종족적 배경이 다른 세력들이 식민지 시기를 거쳐 하나로 통합되었기에 독립 이후에도 끊임없는 갈등에 시달렸다. 1960년 영국으로부터 독립해 연방

아니라 치마만다 은고지 아디치에●●●●●●처럼 용감한 신세대 작가를 배출하고 있습니다. 어째서 현재의 인도네시아는 위대한 소설가나 시인을 내지 못할까요? 어째서 선생님 말고는 인도네시아가 배출한 영향력 있는 작가가 없는 겁니까?

이곳은 상황이 다릅니다. 대부분의 인도네시아 작가들의 경험은 나와 달라요. 나는 삶의 대부분을 싸우면서 보냈습니다. 처음에는 일본 지배에 맞서 싸웠고, 나중에는 수카르노의 혁명을 위해 싸웠죠. '국가와 국민성 건설'이라는 문제에 깊이 관여했어요. 바로 그

국가를 설립했지만, 정치적 분열과 군부 쿠데타 시도가 계속되었고, 급기야 1967년에는 내전이 발생해 군부가 권력을 장악했다. 이후 1999년까지 군부독재가 지속되었다. 군부독재와 (식민지 시기와 독립 이후에 걸친) 엘리트에 의한 경제적 수탈, 정실주의와 부패, 정치적 폭력, 종족·종교 문제의 정치적 영향력 등에서 나이지리아와 인도네시아 현대사는 유사성을 지녔다고 할 수 있다.

●●● **월레 소잉카** Wole Soyinka, 1934~. ___ 시인이자 극작가이며, 1986년 노벨문학상을 수상했다. 나이지리아 군사독재에 맞서 투쟁해 왔고 여러 차례 투옥당했다. 1998년 신변의 위협을 느껴 나이지리아를 탈출한 뒤에도 나이지리아 민주화 투쟁에 공헌했다.

●●●● **치누아 아체베** Chinua Achebe, 1930~ ___ 소설가이자 시인, 비평가로 활동해 왔으며, 1958년에 나온 그의 소설 『모든 것이 산산이 부서지다』(*Things Fall Apart*)는 현대 아프리카 소설의 대표작으로 아프리카 안팎에서 널리 읽혔다. 1967년 내전 당시 독립 투쟁을 전개했던 비아프라공화국을 강력히 지지했다.

●●●●● **헬론 하빌라** Helon Habila, 1967~ ___ 소설가이자 시인이며, 대표작으로 『천사를 기다리며』(*Waiting for an Angel : A Novel*), 『물과 기름』(*Oil on Water*) 등이 있다.

●●●●●● **치마만다 은고지 아디치에** Chimamanda Ngozi Adichie, 1977~ ___ 소설가이며 19세에 미국으로 이주한 이후 미국에서 활동하고 있다. 대표작으로 비아프라공화국을 배경으로 한 『태양은 노랗게 타오른다』(*Half of a Yellow Sun*)[김옥수 옮김, 민음사, 2010] 등이 있다.

런 게 지금 부족하다는 생각이 듭니다. 누구도 국가와 국민성을 만드는 문제에 대해 언급하지 않습니다. 작가들은 국민에게 깊은 책임감을 느껴야 해요. 자신이 원한다고 해서 아무 글이나 써서는 안 되는 겁니다. 나는 그것을 처음부터 깨달았다는 점에서 다른 사람들과 달랐죠.

창의성을 말살하는 것은 종교, 그리고 복종에 대한 맹신인가요?
내가 이 질문에 정직하게 대답하면 대부분의 인도네시아 인들이 굉장히 화를 낼 겁니다!

군부가 선생님의 원고 여덟 편을 없애 버렸습니다. 꽤 가슴 아팠을 것 같습니다.
정말 고통스럽고 충격적이었죠. 지금도 고통스럽습니다. 그때 일을 떠올리면 여전히 괴로워요. 특히 내가 그 책들을 절대 다시 쓸 수 없다는 것을 알기 때문에 더 괴로운 겁니다. 당시 나는 감옥에 있어서 그 원고가 사라지는 걸 막을 방도가 없었습니다. [막을 수 있었다면] 그 책들은 이미 출간되었을 수도 있죠. 하지만 감옥에 있을 때 내가 공산주의자라는 명목으로 기소되었기 때문에, 인도네시아의 어떤 출판사도 감히 내 책을 출판할 생각을 하지 못했습니다.

그들이 없앤 원고는 어떤 것이었나요?
하나는 인도네시아 민족 영웅인 카르티니에 대한 연작으로, 책 세

권과 카르티니의 작품 모음집 한 권으로 되어 있었죠. 또 인도네시아어의 역사에 대한 책이 한 권 있었고, 두 권으로 된 『해변에서 온 소녀』가 있었습니다. 여덟 번째 책은 지금 기억이 나지 않는군요.

어떻게 대응하셨습니까?
그건 정말이지 인격을 말살하는 행동입니다. 그들이 내 책에 저지른 일은, 내게 한 짓이나 마찬가지입니다. 지금은 그저 그 책임자들을 불쌍히 여길 뿐이에요 — 그들은 자신들의 문화가 얼마나 저급한지를 드러낸 겁니다. 그때 나는 그걸 일종의 도전으로 생각해서 감옥에서도 글쓰기를 계속했습니다. 그들에 대한 내 대답은 글을 쓰는 것이었죠. 내 문화가 더 우월하다는 것을 보여 주고자 계속 글을 썼습니다. 그게 내가 그들과 맞서 싸운 방식입니다. 다른 사람들이 어떻게 싸웠는지는 모르겠지만, 나는 그렇게 했습니다. 나는 항상 싸우는 방법을 배워 왔고, 그게 나를 살아 있게 했습니다. 내 친구들 중 싸울 줄 모르던 이들은 이미 죽었습니다.

그때의 경험이 창작 생활에 어떤 영향을 끼쳤나요? 감옥과 수용소에서 보낸 모든 시간들, 그리고 원고가 불태워진 것에 분노합니까?
전혀 분노하지 않습니다. 나는 그 사건이 우리 민족의 문화가 질적으로 나빠졌음을 보여 주는 예라고 봅니다. 나는 내 문화가, 다른 인도네시아 인들의 문화보다 앞서 있다는 것을 보여 주기 위해 글을 씁니다. 글쓰기를 반격의 도구로 사용하는 거죠. 지금도 난 절대

포기하지 않습니다. 나와 다른 사람들 사이는 때로 너무 멀어 소통하기 어려울 정도입니다.

    하루는 대법원에 소환되었습니다. 내가 만난 사람이 끊임없이 뭔가를 얘기했는데, 전혀 이해할 수가 없었어요. 두 시간이 지나서야 어느 정도 의미가 통하기 시작했는데, 그가 이렇게 말하더군요. "프람 선생, 우리는 대법원에서 나왔고, 당신의 생각을 조금이나마 바꿔 줄 것을 부탁합니다." 나는 이렇게 대답했죠. "나를 이렇게 만든 사람들은 바로 내 동포들이오. 그들이 내가 조금이라도 바뀌기를 바란다면, 그들도 조금 바뀌어야겠죠. 그리고 앞으로는 당신들이 나를 호출해도 절대 오지 않을 거요. 대법원에서 나를 볼 필요가 있으면 직접 날 찾아와야 할 겁니다."

『해변에서 온 소녀』의 1부는 선생님의 할머니가 [어렸을 때] 어느 귀족의 거처에서 능욕당하고 굴욕적인 경험을 한 뒤 그곳을 떠나는 장면으로 끝납니다. 그다음 이야기는 어떻게 되나요? 소설의 2부와 3부에는 어떤 내용을 썼습니까?
할머니와 어머니의 관계, 그리고 내 개인적인 증언이 이어집니다.

『해변에서 온 소녀』는 선생님이 가장 대담하게 자바주의를 정의하려고 했던 작품인 것 같습니다. 시적이고 정제된 방식으로 복종과 위계질서에 대한 숭배를 폭로하고 있습니다.
예, 정확합니다. 내가 보여 주려고 했던 바이기도 해요. 나는 자바 문화 전체를 반대합니다.

한편으로는 자바와 자바 문화에 대한 비판만이 아니라, 애정과 이해도 담겼다는 생각이 들기도 합니다. 정말로 비판만을 위한 것이었나요, 아니면 [자바 문화에 대한] 일종의 헌사이기도 한 겁니까?

정말로 그렇게 생각합니까? 자바 문화를 통틀어 내가 사랑하는 건 가믈란* 음악밖에 없습니다.(웃음) 나는 자바 춤도 별로 좋아하지 않아요. 플라멩고를 더 좋아합니다.(웃음)

해외 독자들이 보기에 『해변에서 온 소녀』는 인도네시아나 자바 문화에 대한 비판으로만 보이지는 않을 텐데요.

그렇지만 그건 그냥 비판이에요. 자바 사람들이 아는 거라고는 일하고 복종하는 법뿐입니다. 그들은 수탈당하는 것도, 누가 그들을 수탈하는지도 개의치 않습니다. 그저 일만 합니다. 하나의 민족으로서 그들은 결국 일하지 않아도 되기를 바라는 공통된 꿈을 꾸고 있습니다. 그러나 현실 세계에서 이들은 일하고 또 일할 뿐입니다. 더 오래, 더 힘들게 일할수록 더 수탈당하죠.

『블로라 이야기』 Tales from Blora에서 자바인들의 생활에 대해 쓴 적이 있습니다. 그때는 지금처럼 전체적인 시각을 갖지 못했어요.

---

* **가믈란** gamelan ___ 인도네시아의 전통 타악기 합주단. 그림자극(와양)은 가믈란 연주를 배경으로 상연된다.

그저 내가 본 걸 묘사했을 뿐이었던 당시와 달리, 요즘은 더 넓은 그림을 보려고 노력하죠. 그건 그렇고, 『블로라 이야기』는 현재 미국에서 출판 작업이 진행 중이고,* 『해변에서 온 소녀』는 지난달 그리스에서 출판되었다고 합니다. 무척 기쁩니다.

'부루 4부작'을 쓰실 때 사전에 연작 전체를 구성했나요, 아니면 각 권을 따로따로 썼나요? 그 책을 써야겠다는 생각은 부루 섬에서 한 건가요?

부루 섬에 가기 전부터 구상했습니다. 이 연작을 위한 기초 작업은 무척 방대했죠. 일부 작업은 제자들이 했습니다. 어느 날 [네덜란드에 있는, 인도네시아를 연구하는 주요 기관의 하나인] 라이덴Leiden 대학의 교수가 나를 방문해서는 [인도네시아에 있는] 레스푸블리카Res Publica 대학의 학생들에게 강의를 해달라고 제안하더군요. 그래서 "중학교도 못 마친 내가 어떻게 대학에서 가르칠 수가 있겠습니까?"라고 대답했죠.(웃음) 그래도 계속 강의해 달라고 고집해 수락할 수밖에 없었어요.

처음에 학생들을 만나 보니 뭘 어떻게 가르쳐야 할지 갈피를 잡기가 어려웠습니다. 하지만 곧 해결책을 찾아냈어요. 학생들에게

---

* 『블로라 이야기』는 2004년 미국에서 *All That Is Gone*이라는 제목으로 출간되었다. 영문판에는 인도네시아에서 출간된『블로라 이야기』에 실린 11편의 단편 중 7편, 그리고 『새벽』(*Subuh*)에 실린 3편의 단편 중 1편("복수") 등 총 8편의 단편이 수록되었다(『새벽』에 실린 또 다른 단편 "블로라"는 이 영문판에 포함되지 않았다).

각자 20세기 초부터 발행된 옛날 신문들을 잘 읽고, 인도네시아 역사의 각 시기를 묘사하라는 과제물을 내주었죠. 그 보고서들이 '부루 4부작'을 구상하는 데 중요한 길잡이가 되었습니다. 그렇게 해서 그 책을 위한 자료들을 모았어요.

『개척자』*Sang Pemula*도 학생들의 기록 덕분에 쓸 수 있었습니다. 머릿속에 이미 구상은 잡혔고, 학생들이 작성한 자료가 있었기 때문에 집필하는 것은 별로 어려울 게 없었죠. 그저 앉아서 쓰기만 하면 되었습니다.

실제로 어떤 방식으로 집필합니까? 펜을 씁니까, 아니면 타자기를 사용합니까? 원고당 보통 몇 번을 다시 쓰나요?

타자기를 사용하고, 원고는 절대 다시 쓰지 않습니다. 그게 내가 창작하는 방식이에요. 항상 한 번에 쓰고, 절대 다시 쓰지 않습니다. 작품이 출판된 이후에는 절대로 다시 읽지 않죠. 다 쓰고 난 후 다시 읽으면 분명히 뭔가 고치고 싶은 욕심이 생길 겁니다.(웃음)

물론 부루 수용소에서는 펜을 사용했습니다.

작가가 되기로 결심한 건 몇 살 때입니까?

글쓰기는 1947년에 시작했습니다. 어린 동생들을 돌봐야 했거든요. 당시에는 돈을 벌기 위해 미친 듯이 글을 써야 했습니다. 달리 할 줄 아는 일이 없으니 그저 글만 쓴 거죠.(웃음) 생존을 위해 글을 썼다고 할 수 있을 겁니다. 처음부터 독자들이 내 글을 좋아하는 것 같아서 계속 쓰기로 했죠. 그건 그렇고, 초기 작품 몇 편이 곧 복간됩니다. 내 옛날 책들을 다시 찍어 낼 때는 항상 기쁘더군요. 아마더 이상 글을 쓸 수 없기 때문일 겁니다. 왜 그럴까요? 담배를 너무많이 피워서일까요?(웃음)

글쓰기 습관은 어떤가요? 밤에 씁니까, 아니면 낮에 씁니까? 글 쓰는 시간을 스스로 정해 놓나요?
시간을 정해 놓고 쓴 적은 한 번도 없고, 그저 쓰고 싶을 때 썼습니다. 쓰고 싶지 않을 때는 쓰지 않았죠 ─ 아주 간단합니다. 내 자신에게 강제 노동을 부과하지 않아요.

정해진 계획에 잘 맞춰 사는 편인가요? 소설 한 권을 쓰는 데 평균 얼마나 걸리나요?
전혀 계획에 맞춰 살지 않습니다. 쓰고 싶을 때마다 쓰고, 거기서 자유로움을 느끼죠. 소설을 쓸 때 스스로 시간을 정해 놓지 않는 이유이기도 합니다. 정말이지 전적으로 내 기분에 달려 있어요. 한 번도 스스로 일정을 정해 놓고 부담을 느낀 일이 없어서, 작업 시간에 대한 질문에는 답할 수가 없군요. 그때그때 다르고, 책마다 차이가 있습니다.

주로 어디서 영감을 얻습니까? 어떨 때 글을 쓰고 싶은 기분이 드나요? 산책을 하거나, 담배를 피우거나, 커피를 마시거나 합니까? 글을 쓰기 위해 책상에 앉는 게 쉽지 않은 일인가요?

삶에서 영감을 얻습니다. 나를 감동시키거나 격분시키는 것들이 영감을 자극하죠. 글을 쓴다는 것은 늘 투쟁입니다. 다 투쟁과 관계된 거예요! 나는 모든 작품에서 항상 투쟁심을 고취합니다. 나는 투사가 되게끔 자라났거든요.

노벨상 후보로 지명된 적이 있나요?

그럼요. 거의 매년 지명되었죠. 내 책들이 이미 여러 언어로 번역되었으니 별로 놀랄 일도 아니죠. 그렇지만 노벨상을 탈 것이라고 기대한 적은 없습니다. 상을 준다면 받기는 할 겁니다. 그렇지만 비록 지금 수상한다고 해도 그걸 받으러 갈 수 있을지 모르겠군요. 난 이미 늙었습니다. 얼마 전에 어떤 문학상(노르웨이 작가협회상)을 수상하러 다음 달에 노르웨이로 와달라는 초청을 받았습니다만, 건강 때문에 갈 수가 없어요.

선생님에게 노벨상은 뭔가 의미가 있습니까? 아니면 노벨상은 그저 주관적이고, 보수적이고, 유럽 중심적인 상이라고 생각하나요?

내겐 특별한 의미가 없습니다. 그래서 내가 크게 기대하지 않는 건지도 모르죠. 그런 상을 탄다는 건 책이 더 많이 팔릴 거라는 의미일 뿐입니다. 노벨상 덕분에 돈을 좀 벌면, 백과사전 프로젝트를 끝내는 데 쓸 겁니다. 쌓아 놓으면 높이가 4미터는 될 정도로 자료를 모았는데도 여전히 끝을 낼 수가 없어요. 외부 세계로부터 너무 많은 걸 기대하지 않으려고 합니다. 나는 내 자신 외에는 누구에게 뭔가를 바라서는 안 된다고 배웠습니다. 심지어 부모님에게도 부탁을 해본 적이 없습니다.

사라진 책들 중 적어도 일부라도 다시 쓰려고 시도한 적이 있습니까?
없습니다. 책은 한 번만 쓸 수 있는 거예요. 책을 쓰는 동안 작가가 빠져드는 주변 환경과 기분은 다시 만들어질 수 없죠.

자, 솔직히 말해서, 자바 문화와 사회에 대한 진심은 무엇입니까? 이 문제에 대해 여러 번 토론했습니다만, 나는 여전히 선생님이 많은 얘기를 숨겨 놓은 채 부정적 측면만을 부각시킨다는 느낌을 받습니다. 배신당하고 심한 고생을 겪었다고는 하나 선생님은 결국 인도네시아 작가입니다. 선생님이 쓰는 모든 것은 직접적으로 인도네시아와 관련되어 있죠. 과거와 현재 인도네시아 문화의 가장 나쁜 측면을 얘기할지라도, 인도네시아 문화란 애증의 대상이라고 할 수 있지 않을까요? 아니면 정말 고통과 분노만 남은 겁니까?
불의를 경험했을 때, 난 그다지 분노하지 않았습니다. 내가 가진 문화가 그 범죄를 저지르는 그들보다 높은 수준이라는 걸 알았기 때문이죠. 지금도 그렇습니다. 나는 『인도네시아의 화교』를 출간한 직후 즉각 배신자로 비난받았고, 재판도 없이 투옥되었죠.
　사랑에 대해서 말하자면, 젊은 시절부터 내가 한 모든 일은 인도네시아를 위한 것이었습니다. 많은 사람들이 내게 인도네시아를 떠나라고 권유했지만, 내 뿌리는 여기에 있어요. 미국에 살면서 모임에 한번 나가거나 강연할 때마다 2천 달러에서 5천 달러는 받겠지만,(웃음) 나는 이 나라를 떠나서는 살 수 없습니다.

그렇지만 인도네시아에서 선생님은 스스로 자신만의 세계에 갇혀 있지 않습니까?
나는 지금도 항상 인도네시아에 대해 생각하고, 그렇기 때문에 큰 고통을 느낍니다. 내게는 어떤 조직이나 매체도 없고, 그래서 모든 걸 내면에 간직할 뿐이죠. 이제는 책을 쓸 수도 없기에 당신 같은 방문객들이 있을 때에만 내 내면의 생각을 전달할 수 있습니다.

선생님은 작가가 그 나라를 위해 할 수 있는 가장 위대한 봉사가, 그 나라의 결함을 (그것이 가장 어둡고 사악한 비밀일지라도) 드러내는 것이라고 믿습니까?
아닙니다. 나 스스로 세상을 변증법적으로 보도록 훈련해 왔기 때문에 어두운 측면만을 그리지는 않습니다. 좋은 면도 보여 주려고 노력하죠. 내가 좀 더 어두운 측면만을 다뤘다면 아마도 병이 들었을 겁니다.

가끔씩 뭔가 말하거나 써야 하는데 잊어버린 게 생각나서 밤중에 깨기도 합니까?
설사 그렇다고 해도, 이제는 그렇게 고칠 힘이 없습니다. 한 줄도 쓸 수가 없어요. 다른 사람이 때릴 때만 소리를 내는 징처럼 된 거죠. 잊지 마세요. 내년에도 살아 있다면 80세가 됩니다. 나와 비슷한 연배인데도 여전히 활동적인 촘스키 같은 사람도 있습니다만, 그들이 나처럼 비정상적인 삶을 살지는 않았죠.

글쓰기에 영향을 미친 문학가나 철학가가 있습니까? 진정으로 존경하는 사람은 누구인가요?

젊었을 때는 소크라테스부터 아리스토텔레스까지 그리스 철학자들이 남긴 작품을 읽었습니다. 그 뒤로는 철학에 싫증을 느껴서 어떤 철학자의 작품도 읽지 않았죠. 내게 영향을 준 건 막심 고리키Maksim Gorky와 존 스타인벡John Steinbeck입니다. 나는 사회적 책임이라는 문제를 다룬다는 점에서 사회주의적 리얼리즘을 좋아합니다.

앞서 말했듯이 부루 섬에서는 국제 감시단 덕분에 살아남았죠. 그러니 국제사회에 계속 감사할 수밖에 없는 겁니다. 심지어 내 가족들도, 귄터 그라스Günter Grass를 포함한 몇몇 인사들의 지원을 받았습니다. 언젠가 귄터 그라스가 인도네시아 정부에 나를 석방하도록 촉구한 적이 있는데, 그 일로 그는 인도네시아에서 추방당했습니다. 그는 그런 사람이에요! 내 방 벽에는 지금도 그의 사진이 붙어 있습니다. 1999년에 독일에서 귄터 그라스를 만났습니다. 인도네시아로 돌아왔을 때 그가 막 노벨 문학상을 받았다는 소식을 들었죠.

막심 고리키의 소설은 어떤 언어로 읽었나요?

영어와 네덜란드어로 읽었는데, 영어판은 모스크바에서 출판된 것이었죠.

자신이 마르크스주의자라고 생각합니까?

아니오, 나는 마르크스주의자가 아닙니다. 나는 '프람주의자'예요. 나는 어떤 이데올로기나 다른 사람의 가르침도 추종한 적이 없습니다. 오직 나 자신의 신념을 따르죠. 그렇지만 사회정의와 평등이라는 가치는 신봉합니다.

더 이상 책을 쓸 수 없다고 확신합니까?

그래요, 정말 쓸 수가 없어요. 이미 8년 전[1996년]에 깨달았습니다. 그러다 2000년에 마당에서 일하는 도중에 뇌졸중이 왔죠. 꼬박 한 시간을 일했는데 비가 세차게 오기 시작했어요. 오두막으로 들어가서 잠시 눈을 붙였는데, 눈을 떴을 때 온 세상이 보라색으로 보이고, 온몸의 힘이 빠져나가는 걸 느꼈습니다. 계속 일하려고 했지만 삽을 들 수조차 없었습니다. 모든 힘이 빠져나갔어요.

　이제 아무것도 쓸 수가 없습니다. 세계 전역에서 편지가 오지만 답장도 할 수 없어요.

신문이나 잡지의 기고문은 어떤가요?

그냥 모든 자료를 정리하고 있습니다. 지금 우리가 만들고 있는 이 책을 제외하면, 내가 가진 출판 계획은 오래된 편지 모음집밖에 없어요. 예전에 나는 클린턴 대통령을 포함해 영향력 있는 많은 이들에게 편지를 썼어요. 그런데 지금은 그에게 보낸 편지[의 사본]를 찾을 수가 없네요. 또 인도네시아의 마을·도시·강·산·바다에 대해 깊이 있는 정보를 제공할 백과사전을 만들기 위해 자료를 모으고 있었지만, 이 작업 역시 끝낼 수가 없습니다.

다시 건강해진다면 어떤 글을 쓰고 싶습니까?
더 이상 뭔가를 쓸 의욕이 없어요. 그저 죽음이 찾아오기를 기다리고 있습니다. 많은 사람들이 내게 뭔가 말하기를 권유하고 내 생각을 받아 적으려고 했지만, 나는 공동 작업에 익숙하지 않아요. 해야 할 말은 이미 다 했다고 생각합니다. 단 한 가지, 나를 무섭도록 아프게 하고 또 내가 토론하고 싶은 것이 있다면, 바로 현재 인도네시아가 처한 끔찍한 상황이죠. 지금의 모습은 어린 시절 품었던 이상과 전혀 다릅니다. 그래서 내가 당신들과 이 책을 쓰는 일에 동의한 겁니다.

아까 말한 것처럼 이제 글을 쓸 수는 없습니다만, 계속 날아드는 고지서에는 서명해야겠죠.(웃음)

5
수하르토 체제와 현재의 인도네시아

독립을 위해 싸울 때 선생님과 수카르노가 상상했던 나라와 지금의 나라는 얼마나 다릅니까?

우리가 쟁취하고자 했던 나라의 모습과 정반대의 상황이 펼쳐졌습니다 — 수하르토가 개입해 모든 것을 바꿔 놓았죠. 군부와 골카르가 연합해 탄생시킨 신질서 체제 아래, 약 2백만 명이 죽음으로 내몰렸습니다. 최근에야 희생자가 얼마나 되는지 명확해졌어요. 수하르토는 군부와 이슬람 세력이 자행한 학살을 통해서 권력을 장악했습니다. 지금 하나의 국가로서 인도네시아는 쇠락하며 분열하고 있는 듯합니다. 수카르노가 축출된 뒤로 지금껏 제대로 된 지도자가 없었어요. 수하르토를 몰아낸 젊은 세대도 지도자를 배출하지 못했습니다. 그 결과 오늘날의 인도네시아는 방향을 잃었습니다.

수하르토 독재 체제의 특징은 무엇이었나요? 수카르노가 보인 이상과 비교하면 어떻게 달랐습니까?

수하르토의 인도네시아는 끝없는 도덕적 타락을 특징으로 한다고 생각합니다. 수카르노 시기에는 외국자본이 인도네시아에 진출하기가 무척 어려웠습니다. 그런데 쿠데타 이후 수하르토와 그 일당은 외국 투자자에게 문을 활짝 열었고, 그렇게 해서 엄청난 이익을 얻었습니다. 수하르토는 거의 독단적으로 인도네시아를 개방했고, 곧 수탈이 시작되었죠.

프리포트 사가 파푸아의 금광에 투자하는 과정에서 잘 나타나듯이, 수하르토는 정권 초창기부터 외국 기업과 긴밀히 유착했고, 거기서 자기 몫을 제대로 챙겼죠. 프리포트 사는 처음에 구리 광산을 개발한다고 했습니다만, 그들을 위해 일했던 반둥 출신의 과학자가 그들이 실제로는 금을 캐내고 있다는 것을 알아냈습니다. 그는 정부에 보고서를 제출해 조사를 요구했지만, 곧바로 퇴직당했습니다. 그러고는 누군가 그의 집에 잠입해서 모든 서류를 훔쳐 갔습니다. 결국 그 과학자는 살해 위협을 피해 중동으로 달아나야 했죠. 파푸아는 지금 망가지고 있습니다. 프리포트 사 하나가 벌써 언덕 세 개를 없애 버렸어요.

그렇지만 나한테는 이걸 증명할 자료도, 직접적 증거도 없습니다. 수하르토는 걷잡을 수 없이 유입된 외국자본으로부터 리베이트를 챙기고 뇌물을 받았습니다. 그의 자녀 중 하나가 지금 수마트라의 가장 큰 지주예요. 얼마나 강도 같은 정권입니까!

수하르토는 정말이지 아무 생각이 없는 사람입니다. 그를 움직이는 주된 힘이란 권력에 대한 단순한 집착이고, 그렇게 그는 엄청난 부를 축적했습니다. 그의 정권 아래에서 인도네시아는 국가적 자존심을 모두 잃고, 아무것도 이루지 못했습니다. 아무것도요!

뭐 사실 지금의 대통령 후보들도 그와 다르지 않습니다. 그들이 이뤄낸 게 뭐가 있습니까? 그들은 그저 입으로 떠들 줄만 압니다. 내 생각에는 인도네시아 인들이 어떤 진보를 성취하고 싶다면, 최소한 인도네시아의 미래에 대한 생각이라도 좀 있어야 하고, 개인적인 성취를 이뤄 낼 수 있는 잠재력을 갖춰야 합니다.

수하르토는 수카르노가 쌓아 올린 모든 것을 확실히 없애 버렸습니다. 그는 사람들의 가장 저급한 본능, 특히 부와 권력에 대한 집착을 일깨웠죠. 결국 부패가 모든 걸 무너뜨렸습니다. 심지어 사람들의 뇌마저 부패해 버렸어요. 수카르노가 목표로 한 것은 그와 정반대였죠. 그의 정부는 우리가 이제껏 인도네시아에서 경험한 최고의 정부입니다. 그럼에도 그가 식민주의·자본주의·제국주의를 반대했다는 이유로 많은 서구 국가들이 그를 적대시했습니다. 그 또한 서구 국가들이 나머지 세계를 그저 착취를 위한 놀이터 정도로 보는 게 아닌가 하는 의구심을 가졌습니다. 그래서 서방세계가 미국의 주도 아래 그를 반대하는 쿠데타를 지원한 겁니다.

아까 했던 질문에 대답하자면, 수카르노 시기의 가장 큰 특징이 이상주의와 '국가와 국민성 건설'이었다는 점에서 수하르토 시기와 크게 다릅니다. 수카르노는 인도네시아 민족만의 고유한 특성과 정체성이 형성되지 않았다는 것을 알았고, 이를 발전시키지 않으면 국가로서 살아남을 수 없다는 점도 알고 있었습니다.

독재 체제와 수하르토의 경제정책이 인도네시아 서민들의 삶에 끼친 영향은 무엇이었을까요? 이 광활한 군도를 여행하다 보면, 세계에서 네 번째로 인구가 많은 이 나라가 무너지고 있는 모습을 목격하곤 합니다. 빈곤은 이미 만연해 있죠. 사람들은 자기 의견을 피력할 기회도 없고, 다른 방식의 삶을 모색할 대안도 없습니다. 공공서비스도 없는 거나 마찬가지죠. 부패가 횡행하고, 법 체제나 경찰의 보호도 전혀 기대할 수 없습니다. 또 교육은 종종 정치적·종교적 교화의 수단으로만 이용됩니다. 과거에 인도네시아는 분명히 말레이시아·타이와 경쟁하는 관계였지만, 지금은 동남아의 최빈국과 경쟁하기도 버겁습니다.

인도네시아는 더 가난하고 비참해졌습니다. 과거에 인도네시아는 최대 쌀 수출국 중 하나였지만, 지금은 쌀을 수입해야 하는 실정입니다. 그것도 그냥 수입하는 게 아니라 저가의 쌀이 밀수입되고 있어서 농민들이 고통을 겪고 있어요. 설탕도 마찬가지입니다. 믿어지지가 않아요. 국내 생산은 극도로 적고 저개발 상태입니다. 인도네시아에는 농업 정책이라는 게 없기 때문에 하나같이 이토록 엉망인 겁니다. 이쑤시개, 투표함, 심지어 기표하는 데 쓸 잉크까지 수입해야만 합니다. 스스로 만들 수 없는 건가요? 얼마나 부끄러운 일입니까! 해양 국가인 우리가 소금까지 수입해야 하다니요!

인도네시아가 어쩌다 이렇게 되었는지 오랫동안 생각해 봤습

● 프람은 수카르노의 교도 민주주의 역시 신생 국가 인도네시아를 위해 국가와 국민성을 건설하려는 시도였다고 이해했다.

니다. 우리 역사를 다시 돌아보니, 결국 문화 수준이 낮다는 것이 주요한 문제더군요. 인도네시아 문화가 썩 훌륭하지 않음에도 학생들에게는 미화해 가르쳤습니다. 뭔가를 생산하도록 유도하는 창의적 교육도 부족합니다. 가정교육도 마찬가지죠. 우리가 배운 것이라고는 소비하는 것밖에 없는데, 이게 바로 수하르토 시대의 또 다른 유산입니다. 인도네시아는 도무지 생산이라고는 하지 않아요.

가정과 학교에서 이루어지고 있는 교육을 바꿔야 합니다. 생산하는 방법, 건설하는 방법을 배워야 해요. 생산하는 방법을 배우면 어떻게 해야 진정으로 독립적인 삶을 살 수 있는지 알게 될 겁니다. 가치 있는 물건을 만들어 내고 교역하려는 동기도 생기겠죠. 제대로 된 교육 체계가 없다면 어떻게 앞으로 나아갈 수 있겠습니까? 하지만 나는 답을 모르겠군요. 정말로 모르겠어요.

인도네시아의 상황에 대해 이야기하자니 속이 타는군요.

인도네시아에 매장된 천연자원만 따지면 당연히 강국이 되어야 하지만, 지금 인도네시아는 노예들의 나라에 불과합니다. 인도네시아의 천연자원은 인도네시아 인들을 잘살게 하는 데 사용되어야 했지만, 한 번도 그런 적이 없었습니다. 사람들은 노예 상태로 궁핍하게 살고 있습니다. 그게 우리 문화입니다. [최근에 이렇게 된 것이 아니라] 16세기 이래 계속 이런 상태라는 걸 안다고 해서 위안이 되겠습니까?

인도네시아의 엘리트들이 국민 다수의 고통을 무시한다는 건 잘 알려져 있습니다. 인도네시아에서 활동하는 다국적기업의 관리자들인 지금의 인도네시아 엘리트들과, 과거 식민 지배에 협력했던 사람들을 비교하는 게 공정한 일일까요?

별개의 얘기죠. 식민지 시기에 네덜란드를 위해 일했던 사람들은 적어도 소수의 인도네시아 인들과 유럽인들에게 존경을 받기라도 했습니다. 지금은 상황이 다릅니다. 외국 기업을 위해 일하는 인도네시아 인들이 그저 시종에 불과하다는 사실을 모두가 알고 있습니다. 과거에 네덜란드 정부와 일했던 사람들은 적어도 어떤 권위 같은 것이라도 있었지만, 오늘날에는 그렇지 않습니다. 젊었을 때 우리의 꿈은 학교에 가서 네덜란드어를 배우고 공무원이 되는 것이었죠.

1965년 이후 일어난 상황이 모두 수하르토 때문이라고 비난하는 것은 옳지 않을 듯합니다. 그렇게 하면 모든 게 간단해지기는 하겠지만, 일종의 현실도피가 아닐까 싶어요. 물론 수하르토가 핵심적인 인물이었던 것은 틀림없지만 수천 명, 아니 아마도 수백만 명이 그 정권 아래에서 이익을 얻었습니다. 많은 사람들이 그 체제를 만드는 걸 돕기도 했죠. 1965년 이후 인도네시아 사회에서 일어난 일을 생각할 때, 주요 인물은 누구였을까요?

당연히 수하르토가 그 모든 것을 기획했습니다. 그가 우리 국민이 몰락한 데 대한 책임을 져야 해요. 수카르노는 이상주의자였는데, 수하르토와 그 일당들이 수카르노의 모든 구상을 무너뜨렸습니다.

이후 신질서는 새로운 형태의 신질서로 변화했지만, 그때도 행정 권력은 수하르토의 손에 있었습니다. 그래서 지금까지 아무도 그를 재판정에 세우지 못한 겁니다.* 수하르토는 자바 파시즘의 원리를 기반으로 그의 체제를 건설했습니다.

인도네시아에는 모든 분야에서 부패가 만연해 있는 듯합니다. 부패는 정부, 군부, 경찰, 법조계, 대기업과 언론, 정당과 종교운동의 일부처럼 보일 정도입니다. 누군가를 매수할 줄 모르고서는 인도네시아에서 살아가기 어렵겠다는 생각도 드는데, 왜 이렇게 되었을까요? 이 부패 정치의 뿌리는 무엇입니까?

부패하고 남을 매수하는 사람들에게는 생산하는 문화가 없습니다. 그들은 나약해요. 부패는 사회적 전염병이 되었습니다. 사람들은 서로 상대에게서 돈을 짜내는 데 집착하죠. 부끄러운 일입니다. 일단 구걸을 하고, 그래도 안 통하면 위협을 해요.

아무리 명백한 증거가 있어도, 부정부패와 관련된 사건은 거의 재판에 회부되지도 않습니다. 악바르 탄중**의 경우를 보세요. 그

---

* 수하르토 시기의 학살이나 그의 부패에 대해 많은 비판이 있었지만, 대통령직에서 물러난 뒤는 물론 2008년 사망할 때까지도 그가 법정에 서는 일은 없었다.
** [원주] 악바르 탄중Akbar Tanjung, 1945~ ___ 부패하기로 악명 높은, 골카르의 지도자로 2002년 부정부패 혐의로 기소되어 징역 3년을 선고받았다. 그는 모든 범죄 혐의를 부정했고, 기나긴 항소 과정 동안에도 자유롭게 지냈다. 중부 자카르타 지방법원은 그가 국가 병참 위원회로부터 국가 기금 4백억 루피아(미화 470만 달러)를 횡령했다는 사실을 확인

사건은 제대로 조사되지도 않아, 아무도 그가 착복한 4백억 루피아의 행방을 모릅니다. 그냥 사라진 거예요. 그러니 이런 사람들에게는 인도네시아에서 사는 게 정말 멋지지 않겠습니까? 심지어 그는 대통령에 출마하려고까지 했어요!

수하르토 시기와 수하르토 이후 시기의 부패한 관료들은 어떤 사람들인가요? 그들의 배경은 어떻습니까?

우선 지도층, 엘리트, 그리고 관료제의 상층부에 속한 사람들이 있죠. 인도네시아에서 하위 관료들은 평판이 좋지 않아요. 무엇보다도 스스로 그렇게 생각해요. 이들의 생각이 썩었다는 사실은 결코 간과할 일이 아닙니다. 부패 자체가 일종의 습관처럼 되어 버리니까요. 게다가 이 사람들은 생산할 줄 모릅니다. 평생 그저 명령받은 대로 하는 것 말고는 해본 일이 없어요. 그들은 일하지 않으면서 부자가 되고 싶어 합니다. 인도네시아에서 생산자를 제외한 거의 모두가 부패에 물들었습니다.

했다. 이 돈은 빈민을 대상으로 한 식료품 지원에 할당된 것이었다. 일설에 따르면, 탄중이 이 돈을 챙긴 시기는 하비비(B. J. Habibie) 대통령 아래 국무장관으로 재직했던 1999년 3~4월이라고 한다.

상대적으로 규모는 작지만 수카르노 시기에도 부패가 존재했죠. 그러나 1965년 이후 인도네시아에서 부패는 완전히 일상화되었습니다. 왜 그렇게 되었을까요?

정확한 지적입니다. 수카르노 정권 때 부패 규모는 훨씬 작았죠. 이후 수하르토의 독재 정권이 들어서면서 인도네시아는 하나의 국가로서 목표를 상실했고, 국민적 투쟁도 사라졌습니다. 또 한 가지 기억해야 할 것은, 이 시기에는 수하르토가 가장 부패한 사람이었다는 사실입니다. 그의 자식들도 마찬가지죠. 그러나 그와 그 자식들에 대한 소송은 한 번도 없었습니다. 자바주의가 무엇인지를 명백히 보여 주는 사례죠. 그가 권력을 잃은 후에도 수백만 명이 그가 했던 대로 따라 하면서, 국가 수장이 부패를 저지르고도 돈을 챙겨 달아나는데 우리라고 그래선 안 된다는 법이 있냐는 논리를 내세웠습니다.

수카르노가 권력을 가졌을 때는 대부분의 사람들이 국가와 국민성 건설이라는 문제의식을 공유했습니다. 이런 생각은 아직도 내가 세상을 이해하는 토대가 됩니다. 국가와 국민성 건설이라는 개념을 내 작품에 결합하려고 노력했죠.

그러면 대규모 부패는 수하르토를 비롯한 상층부에서 시작된 건가요?

물론입니다. 그의 엄청난 재산이 어디서 나왔겠습니까? 원래 그는 왕립 네덜란드령 동인도 군대Koninklijk Nederlands-Indisch Leger, KNIL의 중사에 불과했습니다. 수카르노가 수하르토에게 반밀수 부대의 책임을 맡겼을 때, 사실 수하르토는 인도네시아 물건을 싱가포르로 밀수 출하는 데 연루되었습니다. 이 사실은 수반드리오*가 수카르노에게 보낸 편지에 기록되어 있죠.

  초기에 수카르노는 수하르토에게 약간의 호감을 가지고 있었습니다. 수하르토가 해방 투쟁 시기 욕야카르타 전투**에 관련되었기 때문이죠. 수하르토는 그 호감을 그저 출세하는 데만 이용했습니다.

---

* [원주] **수반드리오**Subandrio, 1914~2004___ 수카르노 시기 인도네시아 외무장관.
** [원주] **욕야카르타 전투**___ 인도네시아의 사학자인 아스비 와르만 아담(Asvi Warman Adam; 인도네시아 근대 정치사, 특히 1965년에 이루어진 학살과 국가권력의 폭력성 등에 대한 저술로 유명하다)은 저자들과의 개인적인 대화에서 이렇게 말한 바 있다. "수카르노는 수하르토가 욕야카르타에서 네덜란드에 대한 공격을 이끌 때 빛나는 공적을 세웠다는 이유로 처음에는 그를 존중했습니다. 몇 시간에 불과한 공격이었지만, 수카르노와 하타가 네덜란드군에 붙잡혔음에도 여전히 인도네시아 공화국이 존재한다는 사실을 해외에 알리기에는 충분한 시간이었죠. 그 결과 국제연합은 '인도네시아 문제'를 다시 다루는 데 동의했습니다. 신질서 시기에 지나치게 미화된 이 공격을 기념하기 위해 두 개의 기념물이 세워졌습니다. 그렇지만 수하르토 지지자들이 술탄 하멩쿠 부워노 9세(Sri Sultan Hamengku Buwono IX, 1912~88)의 역할을 누락시켰다는 점에서 그런 미화는 논란의 여지가 많습니다. 사실 이 공격은 당시 국방 장관이었던 하멩쿠 부워노 9세가 계획한 것이고, 수하르토는 야전 사령관에 불과했습니다. 하멩쿠 부워노 9세는 외국의 라디오 방송을 통해 국제연합 총회가 열린다는 소식을 들었고, 비록 네덜란드가 인도네시아의 대통령과 부통령을 체포했지만 인도네시아가 여전히 존재한다는 것을 세계에 알릴 필요가 있다고 생각했습니다. 그는 네덜란드에 의해 점령된 욕야카르타를 공격할 계획을 세우고, 수하르토를 자신의 왕궁 크라톤 욕야카르타(Kraton Yogyakarta)로 불러들였죠. 그 전에 하멩쿠 부워노 9세는 당시 군부 수장이던 수디르만(Sudirman) 장군에게 이를 알렸고, 수디르만도 계획에 동의했습니다."

왜 수하르토 독재 체제는 인도네시아 지식인들을 제거했습니까? 1965년의 숙청에서 학교 선생들이 절반 가까이 죽은 것으로 보입니다. 영화사와 출판사들은 문을 닫았고, 예술가들은 투옥되거나 침묵을 강요받았죠.

앞서 말했듯이 수하르토는 파시스트입니다. 그의 주된 무기는 공포입니다. 쿠데타 이후 2백만 명을 죽인 것조차 일종의 경고, 즉 국민들을 화석화하려는 행위였어요. 그의 목적은 모든 저항의 목소리를 침묵시키고, 모두를 자신 앞에 무릎 꿇리는 것이었습니다. 그래요. 투옥된 사람들과 그 가족에게 닥친 끔찍한 운명은 말할 것도 없고, 2백만 명의 목숨도 다 이를 위한 비용이었던 겁니다. 그게 다 공포와 관계된 겁니다.

인도네시아에서는 선거가 마치 광대극처럼 보입니다. 자바에서 [티모르 섬 왼쪽에 위치한] 플로레스 섬까지, 그곳에서 우리가 만난 이들은 한결같이 누구에게 투표해야 할지 모르겠다고 하더군요. 후보자들이 자신의 정치공약조차 제대로 설명하려고 하지 않는답니다. 그들에게 개인과 정당의 이익을 추구하는 것 외에 공약이 있기는 한지 의문입니다. 현재 인도네시아의 정치체제를 어떻게 봅니까?

먼저, 나는 이제 선거 과정을 믿지 않습니다. 그리고 인도네시아에서는 대통령 후보 중 누구도 정말 중요한 문제들을 제기하지 않아요. 하나같이 이 나라를 위한 비전이 없습니다.

인도네시아를 건설하는 데 토대가 되리라고 기대한 위대한 생각은 정말 모두 사라진 걸까요?

그렇습니다. 그리고 모든 가치가 사라진 지금, 아체부터 파푸아까지 인도네시아 전체는 혼란에 빠진 상태입니다.

그건 그렇고, 파푸아는 전에 이리안Irian이라고 불렀습니다만, 와힛이 대통령이 되면서 이름을 파푸아로 바꿨죠. '이리안'이라는 이름은 좋은 뜻이긴 합니다. "이것은 네덜란드에 저항하는 인도네시아 공화국입니다"Ini Republik Indonesia Anti Nederlands라는 문장에서 각 단어의 앞 글자를 땄으니까요.

수하르토 집권기 인도네시아 군대에 의한 동티모르 침공과 점령은 어떻게 보나요? 현재까지도 인도네시아 대중이 그 학살 행위를 잘 모른다는 사실은 충격적입니다. 그들은 그 학살이 "서로가 서로를 죽인" 일반적인 의미의 전쟁이라고 믿고 있었습니다.

수하르토가 결심했기 때문에 동티모르를 침공하게 된 것입니다. 반면에 수카르노는 동티모르를 점령하자는 제안을 거부했습니다. 그는 인도네시아를 과거 네덜란드 식민지였던 섬들의 집합이라고 생각했는데, 동티모르는 포르투갈 식민지였거든요. 수카르노에게 이 문제는 원칙의 문제였습니다만, 수하르토는 동티모르를 방어 능력이 없고 약해서 쉽게 장악할 수 있는 나라라고 본 거죠.

부루 수용소에 있을 때 종종 군 장성들이 섬을 방문했습니다. 그들은 계속 우리에게 설교를 해댔죠. 그들 중 한 명이 인도네시아 군대는 동티모르를 두 시간 안에 점령할 수 있다며 계속 자랑을 늘어놓더군요. 나는 그의 면전에 대고 웃었습니다. 몇 년이 걸려도 그 문제를 해결하거나 저항을 진압할 수 없다는 사실을 그는 몰랐겠죠. 그들은 동티모르에서 게릴라뿐 아니라 보통 사람들까지 완강히 맞서리라고는 예상하지 않더군요. 점령과 전쟁은 두 시간이 아니라 수십 년간 계속되었고, 결국은 우리 장군들이 졌습니다!

동티모르가 인도네시아에서 해방되고 독립해야 한다는 의견에 전적으로 동의합니다. 줄곧 그렇게 생각했어요. 그들은 행정 구조와 문화적 경험이 우리와 다릅니다.

1977년 외무 장관 아담 말릭*이 이렇게 말했습니다. "동티모르 전쟁 기간에 5만에서 8만 명이 죽었다. …… 그것은 전쟁이었다. …… [전쟁에서 그 정도 죽은 것으로] 뭐 그리 야단법석인가?" 이는 정부가 동티모르 학살을 어떻게 여기는지를 드러냅니다. 당시 일어난 일을 수하르토 독재 체제의 테러 문화의 일부라고 봅니까?

그렇습니다. 수하르토가 그 살상에 책임져야 합니다. 인도네시아인들은 절대 자신의 역사에서 뭔가를 배우려고 하지 않아요. 잔혹행위는 계속 반복됩니다. 심지어 지금도 아체에서 그런 일이 일어나고 있어요. 반복해서 얘기합니다만, 내게는 인도네시아가 썩어

• **아담 말릭**Adam Malik, 1917~84___ 인도네시아의 정치가로, 소련 주재 대사와 통상 장관으로 일했고, 수하르토가 정권을 장악한 뒤에는 외무 장관으로 활동했다.

가는 몸뚱이처럼 보입니다.

군부는 어떻게 전체 동티모르 주민의 30퍼센트 이상을 죽일 수 있었을까요?
그들에게는 이미 비슷한 경험이 있었습니다. 그렇잖아요? 1965년 이후 인도네시아에서 무방비 상태의 사람들을 상대로 싸운 경험이 풍부합니다. 그들에게는 양심의 가책이라는 게 없어요. 군대를 만든 것은 외부의 적과 싸우기 위해서입니다. 국내 문제는 경찰력으로 해결해야 하는데, 인도네시아에서는 군대가 자국민과 싸웁니다. 만약 어느 외국 군대가 인도네시아를 공격하려고 하면, 아마도 며칠 안으로 점령할 수 있을 거예요. 우리 군대가 형편없기 때문이죠. 인도네시아 군대는 국내에서 무장도 하지 않은 사람들과 싸우고 난 뒤, 그 작은 동티모르에서 시민들을 학살했습니다. 문제는 이겁니다. 인도네시아 군부는 당신이나 나와는 다른 원칙을 가지고 있어요.

어떻게 인도네시아 대중이 동티모르에서 일어난 일에 대해 아무것도 모를 수가 있을까요?
모두 정치의 문제였죠. 대중매체는 예나 지금이나 권력에 의해 통제됩니다. 그들이 국가 지배자에게 동조하지 않으면 결국 문을 닫게 될 겁니다. 아주 간단한 일이죠.

그러나 인도네시아에도 선생님이 존중하는 지역이 하나 있는 것으로 알고 있습니다.

인도네시아가 전부 부패해 가는 건 아닙니다. 아체는 예외입니다! 인도네시아가 2백 년간 네덜란드의 식민 지배를 받았을 때도, 아체는 독립을 유지한 채 적과 맞서 싸웠습니다. 그들은 진정한 개인주의자들이죠. 네덜란드는 아체를 점령하기 위해 자바에서 암살자들을 보냈는데, 지금 인도네시아 정부도 똑같은 짓을 하고 있습니다. 그렇기 때문에 내가 항상 인도네시아 사람들은 아체를, 그들의 개인주의 정신을 배워야 한다고 얘기해 온 겁니다. 아체 인들은 용감합니다. 그들은 가정에서 용감해야 한다고 배우죠.

오늘날 아체에서는 여성도 투쟁에 참여합니다. 네덜란드 점령기에 한 아체 투사가 네덜란드군 숙소에 잠입해 그곳을 폭파한 적이 있죠. 자바에선 절대 일어날 수 없는 일입니다. 인도네시아 정부는 동티모르에서 그랬던 것처럼 아체에서도 자신들이 벌여 놓은 혼란을 해결할 능력이 없습니다. 그래서 내가 아체의 분쟁을 중재하고 전쟁범죄에 책임이 있는 자를 판결하려면 국제 재판소를 설치해야 한다고 요구하는 겁니다. 그렇지만 지금까지 내 요구에 대해서 아무런 반응이 없군요.

6
미국의 개입

1965년 이후, 인도네시아 정부는 아체·파푸아·암본 등지에서 수백만 명의 자국민을 죽였습니다. 한편 미국 정부는 자국민을 대량으로 학살하지는 않지만, 경제적·지정학적 이해관계가 얽힌 곳에서는 수백만 명을 죽이는 행위일지라도 지원하고 있습니다. 어느 쪽이 더 악할까요?

물론 둘 다죠!(웃음) 그런데 이걸 잊으면 안 됩니다. 미국인들은 그 땅에 살던 토착민[아메리칸인디언]을 대량 학살하고 나서, 아마도 세계의 다른 지역에도 인디언들이 살고 있다고 생각한 것 같습니다. 그러니 다른 곳에서도 똑같은 정책을 시행했겠죠.

진지하게 말하는 건데, 미국이 수카르노를 물러나게 하지 않았다면 현재 세계는 아주 다른 모습을 하고 있을 겁니다. 지금은 정말이지 난장판이에요. 내가 감옥에 있고 내 책들이 인도네시아에서 금서가 되었을 때 개인적으로 미국인들의 도움을 받기는 했습니다만, 내 생각에 미국의 대외 정책은 총체적 재앙이에요! 예를 들어 이라크를 보세요! 미국은 거기서 뭘 하는 겁니까? 점령하는 건가요? 심지어 여기 인도네시아에서도, 미국은 수카르노 시기에 몰루카 군도를 폭격했습니다.

수하르토 독재 시기에 미국과 서방세계는 어떤 역할을 했습니까? 미국인들은 그들이 원하는 걸 모두 얻었습니다. 수하르토 정권에 뇌물을 제공해 자국의 기업에 엄청난 특혜를 주는 계약들을 인가받았고, 노동자를 순종하도록 길들여 감히 저항할 엄두를 내지 못하는 사회를 만들었죠. 천연자원이 풍부한 파푸아나 아체 같은 지역에서는 집요한 탄압이 이루어졌습니다. 여기저기에 뿌려진 외채 수십억 달러 — 이런 자금마저 부패로 인해 흔적도 없이 사라졌습니다 — 는 인도네시아가 경제적 독립을 상실했다는 점을 잘 보여 줍니다. 지금 인도네시아는 심각한 반공주의 때문에 '무신론'이나 '(사회)계급' 같은 단어도 금지된 실정입니다.

그 역할을 수행한 것이 자본, 즉 돈이에요! 서구 국가들은 인도네시아를 비롯한 전 세계를 그들의 운동장으로 만들려고 했습니다. 다만 인도네시아에서는 부패 문화 때문에 그 목적을 이루기가 매우 어려웠겠죠. 현지 엘리트들을 신뢰할 수 없었기 때문에, 그 계획도 실패한 셈입니다.

그들이 인도네시아 군부의 협조를 얻고자 세운 전략은 무엇이었나요?
그들은 인도네시아 군부 인사들을 미국에서 훈련시켰습니다. 무기를 제공했고, 당연히 상당수의 고위 장교들이 미국식 사고방식에 교화되었죠. 그런 교화 자체가 이 사회에서 엄청난 영향을 끼쳤는데, 미국이 심어 놓은 반공 정서가 특히 그랬습니다.

이런 식으로 이루어지는 미국의 교화는 전 세계적인 현상이죠. 미국은 민주사회라고 자처합니다만, 그런 교화 과정에 민주적인 것이라고는 전혀 없습니다.

교화된 후 인도네시아로 돌아온 군부는 학살을 저질렀습니다. 미국은 베팅할 대상을 제대로 찾은 겁니다. 군부는 그런 대규모 학살을 저지를 수 있는 유일한 조직이니까요.

이런 얘긴 이제 특별한 것이 아닐 겁니다. 그렇지 않나요? 전 세계의 많은 나라들을 공격하는 미국에게, 한두 나라쯤 파괴되는 건 대수롭지도 않았겠죠.

1965년 이후 인도네시아에서 일어난 학살에서, 미국은 얼마나 책임이 있을까요?

미국을 얼마나 비난해야 할지는 잘 모르겠습니다. 한 가지 확실한 건, 미국은 절대 그 학살을 비난한 적이 없다는 겁니다. 단 한 번도 말이죠. 사실 서구 언론은 그때의 일을 열렬히 환영했어요. 학살이 일어나는 동안 미국과 인도네시아 군부 사이에 협력 관계가 있었다고 생각합니다만, 확실한 증거는 없습니다.

요즘에는, 특히 네덜란드에서, 이런 협력 관계를 드러내는 문서들이 공개되더군요. 그렇지만 당신 말에 따르면 미국 대중은 인도네시아에서 일어난 일에 대해서도, 미국이 인도네시아에 연루된 사실에 대해서도 잘 모르는 것 같습니다. 우월감에 사로잡힌 나머지 해외에서 일어나는 일에는 관심을 갖지 않아서입니다. 이라크

6. 미국의 개입 157

에서 일어나는 일을 보세요. 미국은 머지않아 또 다른 나라를 침략할지도 몰라요!

　적어도 미국의 몇몇 진보적이고 전문적인 출판물들이 1965년 인도네시아에서 발생한 쿠데타에 미국이 개입한 사실을 다루었다고 확신합니다. 내 작품도 미국에서는 많이 알려져 있죠. 역설적이게도 아시아의 몇몇 출판사들은 여전히 내 작품을 출판하기를 거부합니다만, 미국에서는 절대 그런 일이 일어나지 않았죠. 그들은 항상 내 책을 출판했습니다. 미국 대중이 내 견해를 받아들이는지는 잘 모르겠습니다. 그렇지만 지난달에 [미국에서] 출판된 『블로라 이야기』는 잘 팔리고 있습니다.

미국과 인도네시아 군부가 1965년 쿠데타를 함께 계획했다는 것을 보여주는 문서가 공개되었고, 몇몇 학자도 이를 믿고 있습니다.
미국의 가장 강력한 무기는 항상 달러[돈]였죠. 그 사실을 잊어선 안 됩니다. 당시 미국 대통령인 아이젠하워가 수카르노를 물러나게 하라는 명령을 내렸다는 사실도 그렇습니다. 아이젠하워 자신이 이 문제를 강조하는 연설을 했어요. 그리고 CIA가 수하르토를 이용했죠. 미국은 인도네시아 군부에, 이후에는 골카르에 막대한 영향력을 행사했습니다. 정치범으로 수감되었을 때에도 모든 사건의 배후에 미국이 있다는 걸 알았습니다.

어떤 이익이 걸려 있었나요? 왜 미국이 그렇게 수하르토를 돕고자 한 겁니까?

그게 다 미국이 수카르노가 물러나기를 바라면서 일어난 일이죠. 냉전기에 수카르노는 중국과 매우 우호적인 관계를 유지하면서, 서방세계의 편에 서기를 거부했습니다. 서방세계가 보기에, 공산국가인 중국과 가까웠던 수카르노는 적이었고 제거되어야만 했겠죠. 방금 말했듯이, 아이젠하워 대통령 자신이 이 사실을 숨기지 않았습니다. 상상이 됩니까? 일국의 대통령이, 다른 주권국가의 대통령이 물러나야 한다고 공개적으로 얘기한다는 게 말입니다!

수카르노를 물러나게 하기로 결정된 뒤에는 CIA가 나머지 일을 맡아 처리했습니다. 1965년 서방세계의 주된 과제는 어떻게 수카르노를 물러나게 할지였습니다.

수카르노가 물러난 후, 수카르노의 지지자들은 거의 모두 투옥되거나 살해당했습니다. 1965년에 서구가 인도네시아에 개입한 것은 직접적으로 냉전과 연결되어 있었죠. 가장 고난을 겪은 것은 공산주의자들이었습니다. 말도 안 되는 얘기였지만, 나도 공산주의자라는 비난을 받았어요! 나는 수카르노를 지지하긴 했지만, 공산주의자는 아니에요. 나는 프람주의자입니다!

미국이 수카르노를 몰아낼 결심을 하지 않았다면, 인도네시아의 우파와 군부가 쿠데타를 성공시킬 수 있었을까요?

아마 시도할 생각도 못했을 겁니다. 수카르노는 국민의 지지를 받앉거든요.

1965년 이전에는 미국이 인도네시아와 관련된 문제에 눈에 띄게 영향력을 행사하거나 개입하지는 않았습니까?
물론 했죠. 미국은 필리핀에 있는 미군 기지에서 인도네시아 영토를 폭격했습니다. 그리고도 아무런 사과도 하지 않았어요!

인도네시아의 어느 지역이 폭격을 당했나요?
필리핀 근처에 있는 섬들입니다.

인도네시아 정부와 군부는 어떻게 대응했습니까? 국토를 방어하려고 노력했나요?
폭격 작전 중에, 인도네시아 군대가 비행기 한 대를 격추하고 앨런 포프Allan Pope라는 조종사를 사로잡은 일이 있습니다. 그렇지만 많은 인도네시아 군 장교가 미국에서 훈련을 받았는데, 달리 무엇을 기대할 수 있었겠어요? 아무 일도 일어나지 않았습니다.

나는 호찌민胡志明을 존경합니다. 그가 이끈 농민반란은 결국 혁명으로 이어져 프랑스와 미국 모두를 그들의 땅에서 몰아냈죠. 베트남이 독자 노선을 걷기로 결정하고 결국 미국의 침략을 이겨냈을 때, 미국은 노발대발했습니다! 미국은 인도네시아가 또 다른 베트남이 되는 것을 막으려고 노력했죠.

폭격은 단순한 위협 행위였나요, 아니면 어떤 이유가 있어서 특정 목표물을 폭격한 건가요?

그 폭격은 인도네시아에서 분리 독립하려고 했던 몰루카 군도 사람들을 정신적으로 지원하기 위해서였습니다. 술라웨시Sulawesi와 몰루카 인구의 대부분이 기독교인이었고, 그들과 미국 사이에 어떤 연계가 있는 것으로 보였죠. 게다가 미국은, 지금도 마찬가지입니다만, 역사적으로 이슬람에 대해 반감을 가지고 있습니다.

미국은 아무도 부탁하지 않은 비극적인 교훈을 줄 게 아니라, 우리가 민주주의를 확립하는 것을 도와줘야 했습니다. 다른 나라가 민주주의를 확립하도록 도우려면 어떻게 해야 할까요? 무엇보다 그 자신이 민주적으로 행동해야 합니다. 먼저 모범을 보여야 해요.

7
화해?

1965년 이후 학살과 숙청 과정에서 1백만에서 3백만 명 사이의 사람들이 죽었습니다. 지배 엘리트층은 지금 일종의 화해를 제안하고 있죠. 그렇지만 그들은 여전히 권력을 지녔기 때문에, 자신들에게 유리한 상황에서 화해하기를 원합니다. 과거의 잘못이 아직 인정되지 않았고, 수백만 명을 감옥에 보내거나 살해한 체제가 여전히 건재하며, 희생자들이 아무런 보상도 받지 못한 상황에서 화해한다는 것이 가능할까요?

인도네시아에서 화해는 불가능합니다. 그러기를 기대한다는 것조차 웃기는 일이죠. 사람들이 희생되었습니다. 이 나라의 군부와 민간 엘리트들은 전체 법 절차를 무시하려고 합니다. 화해하기를 원한다면서, 왜 나와 다른 사람들에게서 압수해 간 것들을 전혀 반환하지 않았나요? 내 옛 집조차도 말이죠!

그들은 어떤 종류의 화해를 제안하는 걸까요? 내 경우에 여덟 편의 원고가 파괴되었는데, 그건 보상 자체가 불가능합니다. 가장 중요한 문제는, 수하르토를 포함해서 누구도 자신들의 행위에 책임지려고 하지 않는다는 거예요. 나는 그들이 내게서 빼앗아 간 모든 것을 보상할 때까지 세금을 내지 않을 생각입니다. 하루는 세무서에서 나를 부르기에 이렇게 말했죠. "우선 당신들이 내게서 빼앗아 간 것을 모두 돌려주시오."

화해를 제안하기 전에 적어도 과거에 저지른 죄를 인정하고, 살해와 잔학 행위에 책임이 있는 자들을 정식 재판에 회부하고, 희생자들에게 사죄해야 한다는 것이군요.

바로 그겁니다! 재판을 여는 것이 가장 중요합니다. 법마저 존중하지 않는 국가라면, 차라리 화해를 비롯해 모든 것에 대한 기대를 버리는 게 낫습니다! 하지만 인도네시아에서는 법정조차 신뢰할 수 없습니다. 이 나라에서는 모든 게 망가졌어요.

그들이 내게 저지른 일을 보세요. 압수당하거나 파괴된 원고들은 내 전부였습니다. 내 모든 책이 금서가 되었고, 나는 체포되었습니다. 감옥과 수용소로 던져졌고, 결국 가택에 연금되었죠. 34년 동안 계속된 이 모든 일이 재판 없이 이루어졌어요! 그들이 어떻게 화해를 제안할 수가 있습니까? 구역질이 납니다!

살해를 저지른 자들이 이제 와서 피해자들에게 화해를 제안하고 있습니다. 심지어 나흐다툴 울라마(엔우)*가 이런 제안을 하고

---

* [원주] **나흐다툴 울라마**(Nahdatul Ulama; Nahdlatul Ulama, NU___ 1926년 1월 31일 설립된 단체로, 알루수나-왈-자마(Ahlussunnah-wal-Jamaah)의 이슬람 교리를 보존하고 발전시키는 것을 목적으로 하며, 판차실라와 1945년 헌법에 명시된 네 개 학파 중 하나를 따른

있는 실정입니다.

　인도네시아 인들은 지금 '인권'이라는 새로운 표현을 배우고 있습니다. 믿기 어렵겠지만, 여기선 정말 새로운 거예요. 그러다 보니 아직도 지식인들 사이에서만 토론되고 있습니다. '화해'를 주제로 진지하게 토론하기에 앞서, 그들은 인권에 대해 더 많이 배워야 할 겁니다.

최근에 와힛에게 들은 얘긴데, 선생님을 무척 존경한다면서 프람이라는 이름을 딴 재단을 만들 계획을 세웠다고 합니다. 이 재단에서 1965년 사건의 희생자와 그 가족을 도우려고 한다는데, 이런 시도가 뭔가 가져올 것이라고 기대합니까?

와힛은 엔우의 의장을 역임했기 때문에 과거에 대해 책임감을 느끼고 있어요. 학살에 대한 개인적 책임은 없지만 죄의식을 갖고 있는 거죠. 이런 바람직한 태도에도 불구하고, 그조차 선거를 앞두고 정치적 지원을 얻기 위해 군부에 접근하고 있다는 게 문제입니다. 적어도 군부의 보호를 원하고 있는 것 같아요. 우리 정치인들은 모두 기회주의자입니다.

다. 1965년 말 인도네시아 공산당을 대상으로 극심한 대중 폭력이 자행되었을 때, 서부·동부 자바에서 군대가 공산주의자를 학살했지만 실제로는 많은 마을에서 민간인들이 학살을 저질렀다. 동부 자바와 아체 같은 몇몇 지역에서는 엔우의 청년 조직인 안소르(Ansor) 같은 이슬람 조직이 공산주의자들을 몰아내는 투쟁을 전개했다.

군부나 정부를 고소할 생각을 한 적이 있습니까? 선생님이라면 그들을 상대로 엄청난 소송을 걸 수 있을 텐데요. 불법적인 장기 감금, 원고 파기, 가옥 몰수 등에 대해서 말이죠.

실제로 그런 시도도 했습니다. 군부가 몰수한 집을 되찾으려고 했는데, 전혀 성과가 없었어요. 자카르타에서만 3백 명이 넘는 희생자들이, 내가 이기면 자신들이 빼앗긴 재산을 찾기 위해 싸울 준비를 하고서, 나를 예의 주시했습니다. 그렇지만 실패했어요! 수카르노 지지자들은 모두 비슷한 운명을 경험했습니다. 감히 군부에 맞서려 한 자는 침묵을 강요받았죠. 그때 겁 없는 아이처럼 행동하겠다고 마음먹은 나는 그들이 나를 재판에 회부하게 하려고 했지만, 이 계획마저 실패했어요.

선생님이 잃어버린 것들을 이야기할 때, 그들이 태웠다는 서가에 대한 언급도 있었습니다.

그들은 내 서가와 모든 서류를 태웠습니다. 복사기도 없던 때라 모든 원고와 서류를 타자기로 작성했죠. 모든 게 사라졌습니다.

8
혁명
인도네시아의 미래

다음 대통령 선거에서 투표할 만한 후보가 있습니까?

대통령 후보들 중 인도네시아에 대한 개념이나 비전을 가진 사람은 아무도 없습니다. 그들에게 뭘 기대할 수 있겠어요? 그저 광대 같습니다. 예를 들어, 인도네시아의 삼림이 약탈되고 있지만, 어떤 후보자도 이 문제를 제기하지 않아요. 해저에 매장된 자원도 도둑맞고 있습니다. 심지어 섬 몇 개가 사라질 정도로 모래를 수출했어요. 국가에서 공식 지원한 수입, 또는 밀수를 통해 들여온 상품 탓에, 수백만 인도네시아 인들이 일자리를 잃었습니다. 모든 것이 통제 불능의 상태이고, 주요 섬들*에서 멀어질수록 상황은 더 심각해집니다. 그렇지만 후보들 중 누구도 이처럼 중요한 이슈를 제기하지 않아요.

---

* 통상적으로 자바·수마트라·술라웨시·보르네오·뉴기니(서부) 섬을 인도네시아의 주요 섬이라고 부른다.

전범戰犯이라고 할 수 있는 위란토 장군이 대통령이 되면 어떤 일이 생길까요? 질문에 답하기 전에 먼저 이 얘기를 하죠. 인도네시아의 대통령이 되기 위해서는, 이 나라에 대한 비전이 있어야 합니다. 두 번째로 개인적인 성취가 있어야 해요. 어느 것 하나 갖추지 못한 후보자라면 대통령이 된들 어떻게 나라를 이끌겠습니까?

오늘날 이미 엄청난 권력을 지닌 군부에서 대통령이 나온다면 인도네시아의 상황은 훨씬 나빠질 겁니다. 군인이 선거에서 이기면, 나는 다시 투옥될지도 모릅니다. 나는 혁명기부터 인도네시아 군대에 대해 잘 알고 있습니다. 당시 소위로 군 복무한 경험이 있기 때문에, 군이 어떻게 운영되는지 알고 있습니다.

인도네시아에서 누가 대통령이 되는지가 과연 중요할까요? 실제로는 엘리트와 군부가 이 나라를 통치하는 것 같습니다. 이스타나 느가라Istana Negara (대통령궁)에 메가와티*가 있는 것과 수실로 밤방 유도요노가 있는 것에 차이가 있다고 생각합니까?

당신이 언급한 사람들 중 누가 권력을 잡더라도, 인도네시아의 비참한 상태는 그대로일 겁니다.

---

* **메가와티 수카르노푸트리**Megawati Sukarnoputri, 1947~ ___ 인도네시아의 정치가. 수카르노 초대 대통령의 딸로, 수카르노가 대통령직에서 물러난 뒤 학생운동에 투신했고 야당 지도자로 활동했다. 부통령으로 있던 2001년에 와힛 대통령이 탄핵되고 나서, 2004년까지 대통령직을 수행하기도 했다. '수카르노푸트리'는 '수카르노의 딸'을 뜻한다. 인도네시아에서는 대체로 부모의 성을 물려받지 않는다.

우리도 동의합니다. 그렇다면 어떻게 해야 변화를 가져올 수 있을까요?
내가 아니라, 오직 젊은 세대만이 이 질문에 대답할 수 있습니다. 1915년 이후로 인도네시아 역사는 젊은 세대들에 의해 쓰였죠. 이제 나는 활동할 수 없습니다. 내가 할 수 있는 거라고는 말하는 것뿐이죠. 젊은 세대의 운동이 있어야 합니다. 그렇지만 내가 살펴보니 많은 젊은이들은, 뭔가 변화를 만들어 내는 대신, 은행에서 대출받은 돈으로 오토바이를 사서 오젝* 운전사가 되는 걸 선호하더군요.
그들은 뭔가를 생산하거나 변화시키는 데 관심이 없습니다. 그들이 원하는 거라고는 동네 주변에서 오토바이를 몰며 돈을 버는 거죠. 이와 정반대로 중국에서는 사람들이 물건을 생산하고 파는 방법을 압니다. 내가 권력을 잡는다면, 즉시 수입에 할당을 정해서 모든 수입품을 50퍼센트까지 줄일 겁니다. 그러면 인도네시아 인들에게 새로운 일자리가 생길 것이고, 결국은 스스로 물건을 만들어 내지 않을 수 없게 되겠죠.

선생님이 인도네시아 식의 자본주의를 그다지 지지하지 않는다고 알고 있는데요.
자본주의는 어디서나 똑같습니다. 되도록 최대의 이윤을 남기는 것을 유일한 목적으로 삼죠. 나는 각 나라의 자결권을 믿습니다만,

---

* 오젝ojek ___ 대중교통 수단으로 이용되는 오토바이 혹은 자전거.

현실에서는 그런 권리가 존중되지 않고 있어요. 모든 것이, 심지어 국가의 운명까지 거대 기업에 의해 결정됩니다.

현재의 상황이 혁명 없이 바뀔 수 있을까요?
불가능합니다. 혁명이 있어야만 해요!
　1965년 이후로 오직 파괴만이 있었고, 지금까지도 계속 파괴되고 있습니다. 이제 바로잡기는 틀린 이 체제를 해체해야만 합니다. 정부 관료들은 그 자리에 앉는 순간 바로 도둑이 되어 버립니다. 법이라는 게 점점 더 상품을 거래하는 시장처럼 되어 가고 있어요.

1998년 수하르토의 몰락을 취재하면서, 당시 학생 시위의 본부였던 트리삭티 대학에 갔습니다. 한 가지 저를 놀라게 한 것은, 학생 지도자들이 수하르토 정부와 이른바 '정실주의'에 대해서만 반기를 들었을 뿐, 퇴행적 문화, 억압적인 가족 구조, 시민들의 일상에 대한 종교의 개입, 심지어 억압적인 정치·경제구조에 대해서도 저항하지 않았다는 점입니다. 그런 상황은 학생들이 문화·사회·정치체제 전반에 대해 집단적으로 반란을 일으킨 1968년의 파리나 멕시코시티와는 전혀 달랐습니다.
그게 이른바 '개혁'*이라는 건데, 이건 수하르토의 신질서를 개량하

● **개혁** Reformasi ___ 1998년 수하르토 하야 이후 시도된 법·제도 및 정부 체제에서의 개혁 운동을 의미한다. 외국자본과 밀착된 수하르토 체제를 거부하고 새로운 체제를 만들고자 했다.

려는 시도에 불과합니다. 신질서를 개혁해 봤자 발전된 형태의 신질서를 만들어 낼 뿐이겠죠. 이는 진정한 혁명과는 무관합니다.

　나는 우리의 젊은 세대가 진정한 혁명에 대해 전혀 모른다고 생각합니다. 1998년의 운동은 신질서, 즉 수카르노를 파멸시켰고, 수백만 명을 죽였으며, 인도네시아의 자연스러운 발전을 방해한 바로 그 체제를 그저 개혁하려고만 했던 겁니다.

선생님은 국제주의자인가요? 인도네시아가 외부로부터 어떤 도움도 받지 않고 혁명에 성공할 수 있으리라고 생각합니까?
과거 인도네시아는 외부의 도움을 전혀 받지 않고도 혁명에 성공했습니다. 물론 오늘날 세계 어떤 나라도 외부의 개입을 피할 수 없고, 독자적으로 뭔가를 하기란 더욱 어렵겠죠. 그렇다고 해도, 나는 한 나라가 외부의 도움 없이 혁명을 수행할 수 있다고 확신합니다. 그건 그 나라의 역량과 결의에 달려 있죠.

　예를 들어 우리의 경우, 말레이시아를 포함한 이웃 나라들은 우리에게 도움을 주기보다는 문제를 일으키고 있습니다. 그들은 혁명을 지원하기는커녕, 불법 벌채를 자행하며 우리 삼림을 점점 더 많이 파괴하고 있어요. 페에르에르이/프르메스타* 반란이 있었을

---

* **페에르에르이**|Pemerintah Revolusi Republik Indonesia, PRRI; 인도네시아 공화국 혁명정부/**프르메스타** Piagam Perjuangan Semesta, PERMESTA; 보편(일반) 투쟁 헌장___ 페에르에르이는 1950년대 중반부터 서부 수마트라에서, 프르메스타는 북부 술라웨시에서 처음 시작되었다. 반란의 주된

때, 이웃 국가들이 이들 반군에 무기를 제공했습니다. 그래서 내가 그들을 별로 신뢰하지 않는 겁니다.

신뢰할 만한 국제기구나 운동이 있습니까? 세계사회포럼의 노력에 대해서는 어떻게 생각합니까?
그 기구는 아직 말만 앞설 뿐 행동하는 단계에 들어서진 못했습니다. 의도는 좋지만 구체적인 행동을 보였던가요? 내가 보기엔 시위나 단순한 저항도 말하는 것보다 별로 나을 바 없어요.

그렇다면 인도네시아에서 이루어질 수 있는 구체적인 행동이란 무엇일까요?
인도네시아 혁명의 자연스러운 발전을 저해하는 자들을 제거하는 혁명입니다. 그래서 내가 당신들에게, 인도네시아의 대통령이 되려는 사람은 우선 이 나라를 위한 비전을 가져야 한다고 얘기한 겁니다. 인도네시아가 이토록 엉망이 된 이유는 후보자들이 자기 자신의 이익을 위해 행동하기 때문이에요. 그래서 그런 겁니다. 우리에

원인은 지역에서 군벌화되어 가던 세력들이 중앙정부와 군의 통제에 반발해 기득권을 지키기 위해서였다. 수카르노 정부의 친공산주의·반서구 정책을 우려하던 미국은 군사적·경제적으로 반군을 지원했다. 1958년 동부 인도네시아의 암본에 폭격을 가하던 전투기를 인도네시아군이 격추했는데, 당시 비행기를 몰던 조종사가 (앞서 본문에서 언급된) 앨런 포프였다. 포프를 재판하는 과정에서, 미국이 은밀히 반군을 지원했다는 정황이 드러나자 미국은 지원을 철회했다. 미국 외에 유럽·홍콩을 비롯한 많은 국가가 반군을 경제적으로 지원했다.

게는 길을 제시해 줄 진정한 지도자가 없습니다.

수하르토 독재 체제는 전 세계적 독재 체제와 긴밀히 연결되어 있습니다. 그것은 종종 '신세계질서' 혹은 '세계화'라고 불리는데, 이 체제에서 인도네시아는 희생자이자 가해자였습니다. 1965년과 그 이후에 이 체제가 (어느 정도는 외부의 지원을 받아) 파괴되었다는 점에서 희생자겠죠. 그러나 자바 식민주의라든가 동티모르·파푸아·아체를 포함해 인도네시아가 점령한 영토에서 자행한 끔찍한 일을 생각하면 가해자라고 해야 할 겁니다. 이런 (세계) 체제와 맞서 싸울 수 있을까요?
오늘날 인도네시아에서는 이윤을 창출하려는 욕구가 모든 것을 지배합니다. 인도네시아는 세계 체제의 일부이고, 그 체제는 잘못된 것입니다. 이에 맞서 싸우려면 전 세계적 투쟁을 조직해야 합니다. 세계 체제에는 세계적 저항을 통해 맞서 싸워야 하고, 꼭 공공연하게 싸우지 않는다고 해도, 적어도 먼저 지구상에 살고 있는 대다수 사람들의 이익을 위해 그 체제를 길들이고, 변화시키기 위해 노력할 수는 있습니다.

앞의 질문과 연결해 생각했을 때, 인도네시아가 이 거대한 체제에 홀로 맞서 싸울 수 있다고 봅니까?
인도네시아가 자체의 혁명을 할 수 있습니다만, 전 세계적인 경제적·정치적 독재와 맞서 싸우기 위해서는 동맹이 필요합니다. 우선 우리 정부와 엘리트가 신뢰할 만하지 않은데 어떻게 우리가 세계적 권력에 맞서 싸우는 국가적 단결을 이뤄 낼 수 있겠습니까? 그들은 누구든 뇌물을 주는 쪽에 섭니다. 그게 인도네시아의 현실이에요. 그렇기 때문에 먼저 우리 자신부터 혁명해야 하는 겁니다. 그런 다음에야 세계적 투쟁을 위한 동맹을 찾아볼 수 있겠죠.

인도네시아 정부와 엘리트에 대해서는 어떻게 생각합니까? 그들은 단순히 해외 이익에 복무하는 종복일까요?
그렇습니다. 그들은 종복에 불과해요. 이제 내가 왜 이렇게 속이 타들어 가는지 이해할 수 있을 겁니다! 인도네시아는 지리적으로야 통합되어 있지만, 사회적으로는 분열되어 있어요. 인도네시아는 극도로 나쁜 상태에 있습니다. 병이 들었어요! 그것도 말기에 이른 불치병이고, 유일한 치료약은 혁명뿐입니다 — 수카르노가 완성할 수 없었던 바로 그 혁명 말이에요.

내가 그렇게 부채질하는 게 아니라, 인도네시아가 처한 현실이 혁명을 요구하고 있어요. 이 모든 게 젊은 세대에게 달려 있습니다. 구세대와 그들의 생각은 단지 짐이 될 뿐이죠. 아마 나도 거기 포함될 겁니다.(웃음)

선생님이 인도네시아에 알맞다고 생각하는, 인도네시아가 채택할 수 있는 사회·경제·정치체제가 있습니까?
심지어 유럽에서도 그런 체제를 찾기는 어렵습니다. 유럽인들은 수없이 실패했죠. 독일과 히틀러를 보세요. 그들은 수백만 명을 살해했고, 그 결과 유럽의 유대인이 이스라엘이라는 새 국가를 건설했습니다. 그런데 지금 이스라엘이 팔레스타인 사람들에게 하는 일을 보세요!

그렇지만 사회적 관점에서 보면 현재의 유럽 체제가 인도네시아의 모델이 될 수도 있다고 생각합니다. 언젠가는 이 문제에 대한 우리의 고유한 개념을 만들 수 있겠지만, 여전히 이 나라에는 권력에 대한 복종 말고는 어떤 건전한 개념도 없어요. 다른 모든 개념은 유럽이나 다른 지역에서 수입되었고, 고유한 것이라고는 없습니다. 나는 우리 조상들이 자랑스럽지 않아요. 맙소사, 모든 게 엉망진창이에요! 그래서 내가 계속해서 젊은이들에게 낡은 문화는 치워 버리고 자신의 문화를 만들라고 촉구하는 겁니다.

혁명을 유일한 해결책으로 생각하는 것 같군요.
바로 그렇습니다. 혁명! 그게 유일한 처방이에요. 인도네시아가 썩어 간다는 사실은 아무리 반복해도 지나치지 않습니다. 거기서 제일 중요한 두 개의 병증이 부패와 관료제입니다. 경제 영역을 보면, 생산하는 건 거의 없으면서 소비에 대한 욕구만 가득해요. 가정교육도 제대로 되지 않고, 무엇보다 아이들에게 생산하는 법을 가르치지 않습니다. 상태가 이렇게까지 나빠졌으니, 혁명만이 인도네시아를 구할 수 있어요. 내 생각엔 인도네시아는 급진적 변화 없이 구제될 수 있는 상태를 넘은 것 같습니다. 이제 청년들이 나라를 이끌어야 합니다. 생각은 그만 하고, 실천해야 해요! 유일한 답은 혁명입니다. 그 밖에는 선택의 여지가 없어요.

그렇지만 어떤 종류의 혁명을 말하는 건가요?
총체적 혁명이지요!

인도네시아가 1945년처럼 처음부터 다시 시작해야 한다는 건가요?
그렇습니다. 처음부터 다시 시작해야 합니다. 지금은 모든 것이 너무 많이 손상되어서, 어떤 개혁도 효과가 없어요. 모든 행정 권력은 골카르의 손에 있고, 인도네시아에 남아 있는 건 모두 훔쳐서 외국에 팔아넘기는 군부와 엘리트가 실권을 장악한 마당에, 우리가 무엇을 할 수 있겠습니까? 뭘 해낼 수 있겠어요? 답은 혁명입니다. 총체적 혁명!

9
헤어지기에 앞서

오늘날 세계에서 인도네시아의 위상은 어느 정도일까요?

내가 세계에 대해 무슨 말을 할 수 있겠습니까? 인도네시아에서는 세계에 대해 거의 알지 못하고, 세계는 인도네시아에 대해 전혀 알지 못합니다. 동남아에서 인도네시아는 병자로 간주되고, 그 오명은 사라지지 않고 있습니다. 인도네시아를 위해 할 수 있는 것은 모두 했다고 자부하는 내게 돌아온 것을 보세요. 내 책은 36개 언어로 번역되었지만, 정작 나는 인도네시아에서 존중받은 적이 없습니다. 역설적이게도 이 체제에 저항해서 투쟁하는 내게 상을 준 나라는 미국이었죠. 그리고 나서 다른 나라들로부터 지원과 인정을 받았지만 단 한 곳, 조국에서는 아무것도 받지 못했습니다.

방금 한 얘기를 들으니 문득 생각이 나네요. 앞으로 침묵을 지키겠다고 결심한 건 이미 말하거나 쓴 것에 더 보탤 게 없다고 여기기 때문인가요, 아니면 선생님의 나라와 그 문화로부터 받은 상처 때문인가요?

이유는 훨씬 간단합니다. 정말로 더는 쓸 수가 없어요. 스스로 한계에 달했다는 걸 알고 있으니, 여기서 멈춰야죠. 꿈꾸는 것도 멈추고 싶습니다. 그게 나이가 들면 생기는 비극인데, 그렇다고 불평하는 건 아닙니다. 어렸을 때는 이 나이까지 살 거라고 상상도 못했거든요. 부루에서의 경험이 나를 단련시키기는 했지만, 이제는 지쳤습니다.

내 일에만 몰두해서 살고 있습니다. 아무것도 할 수가 없어요. 친구들이 찾아올 때만 자유롭게 얘기할 수 있습니다. 인도네시아를 생각하면 분노가 끓어오르는데, 이게 없어지지가 않는군요.

그래서 내적 망명 상태로 살고 있는 건가요?
그렇습니다. 내적 망명 상태로, 나만의 세계에서 사는 겁니다. 내 세계 밖에는 부패만이 있을 뿐이죠. 우리 지도자 수카르노도 이제 없습니다. 젊은 시절부터 내가 가진 모든 것을 인도네시아에 주었고, 또 충분히 주었다고 믿습니다. 그런데 그 결과는 좋지 못했어요. 한때는 치열하게 싸워서까지 지켜 내려고 했던 나라가 썩어 가고 있으니, 내가 어떻게 분노하지 않을 수 있겠습니까? 이 나라는 내가 젊은 시절 꿈꾸던 것과 정반대가 되어 버렸습니다. 요즈음 수많은 기억들이 살아납니다. 내가 알던 사람들은 대부분 이미 죽었어요. 2백만 명이 살해당하고 강물이 시체로 메워졌습니다. 어떻게 사람이 다른 사람을 그렇게 죽일 수 있을까요? 이 얘긴 더 할 수가 없군요. 감정이 복받칩니다.

여기서 멈추지요······.

옮긴이 후기
혁명, 민족주의, 문학
프라무댜 아난타 투르의 작품 세계

작가로서 나는 내 조국에서 수많은 불의를 감내해야 했습니다. 물리적·정신적 폭력을 겪어야 했고, 자유와 생활, 권리와 재산을 박탈당했고, 모욕과 비난을 참아야 했으며, 심지어 언론이나 법정을 통해 나 자신을 변호할 수 있는 권리조차 박탈당했습니다. 그렇지만 권력은 내 자긍심과 자존심, 그리고 사람들의 마음까지 훔쳐 갈 수는 없었습니다(Pramoedya 1996, 9).

프라무댜 아난타 투르(이하 프람)는 인도네시아가 낳은 가장 위대한 작가로 칭송받는다. '부루 4부작'을 비롯한 그의 작품들은 세계 각국의 언어로 번역되었고, 2006년 세상을 떠나기 전까지 프람은 거의 매년 노벨 문학상의 후보로 거론되었다. 수하르토 독재 체제 아래에서의 강제수용소 생활과 가택 연금, 작품의 출판 금지 등의 사건은 그를 수하르토 체제에 대한 저항의 상징으로 부각시켰다. 이런 문학적 공로와 문학 외적 공로를 인정받아 1995년에는 언론·문학·창작예술 분야의 막사이사이상을 수상하기도 했다. 2006년 그가 타계했을 때 많은 해외 언론들이 "세계 문학계의 큰 손실"이라고 보도하며 그의 죽음을 애도했다.

이 책은 프람이 타계하기 3년 전에 나눈 대담을 기록한 것으로, 세계적 작가의 삶과 문학 세계, 그리고 그 근간을 이룬 인도네시아 현대사를 그의 목소리를 통해 재조명하고 있다. 그러나 『작가의 망명』이라는 제목이 암시하듯, 대화에서 가장 두드러지는 것은 인도네시아에 대해 프람이 느끼는 실망과 괴리감이다. 여기서 그를 실망시키고 힘들게 하는 것은 수하르토 독재 아래에서 그가 겪은 고난이 아니라, 그 이후 인도네시아의 상황이다. 수하르토 독재는 붕괴되었지만, 인도네시아는 여전히 그 유산에서 벗어나지 못했고, 기득권층은 식민지 시기부터 수하르토 시기를 거쳐 지금까지도 인도네시아 사회를 지배하고 있다. 평생을 반식민지 투쟁과 수하르토 독재에 대한 투쟁에 헌신했던 프람에게 이런 현실은 견디기 어려운 것이었다. 책에서 그는 이렇게 실망감을 토로하고 있다.

> 젊은 시절부터 내가 가진 모든 것을 인도네시아에 주었고, 또 충분히 주었다고 믿습니다. 그런데 그 결과는 좋지 못했어요. 한때는 치열하게 싸워서까지 지켜 내려고 했던 나라가 썩어 가고 있으니, 내가 어떻게 분노하지 않을 수 있겠습니까? 이 나라는 내가 젊은 시절 꿈꾸던 것과 정반대가 되어 버렸습니다(177쪽).

프람은 자신이 꿈꾸는 인도네시아를 지키고 실현하기 위해 치열하게 투쟁했을 뿐 아니라, 문학을 통해 그 이상을 보여 주고 이를 방해하는 요소들을 비판해 왔다. 그의 소설은 다양한 주제를 다루며 방대한 시·공간적 범위를 넘나들지만, 전체적으로 작품 세계를 관통하는 주제는 혁명과 (인도네시아) 민족주의라고 할 수 있다. 그는 그가 이루고자 하는 나라는, 진정한 혁명과 민족주의를 완성해야만 이루어질 수 있다고 믿었고, 그런 주제를 문학을 통해서 표현하고 고취하는 것이 작가의 임무라고 생각하며 실천해 왔다. 『작가의 망명』은 그 실천의 기록이자, 그것이 실패한 아픔의 기록이기도 하다. 이 글에서는 혁명과 민족주의라는 주제를 중심으로 그의 문학 세계, 특히 대표작이라고 할 수 있는 '부루 4부작'을 살펴봄으로써 그가 문학을 통해 이루고자 하는 것이 무엇이었고, 그를 '내적 망명' 상태에 빠지게 만든 인도네시아의 현실이 어떠했는지에 대해 생각해 보고자 한다.

혁명과 수카르노 시대

『작가의 망명』에서 프람은 식민지 시기와 독재의 유산에서 벗어나지 못한 인도네시아의 현실을 비판하면서, '혁명'Revolusi이 유일한 대안이라고 역설했다. 인도네시아에서 '혁명'이라는 단어는 특별한 역사적 의미를 지니고 있다. 1942년 일본이 동남아를 점령하면서 네덜란드의 식민 지배가 종말을 고했지만, 1945년 태평양전쟁 이후 네덜란드는 영국을 비롯한 연합군의 지원을 등에 업고 '자기 영토'를 되찾겠다며 인도네시아 지역으로 재진입했다. 그 결과 그에 저항하는 인도네시아 인들과 네덜란드군 사이에 전쟁이 발생했다. 이때부터 1949년까지 지속된, 네덜란드에 맞선 투쟁을 인도네시아에서는 '혁명'이라고 부른다.

네덜란드가 재진입한다는 소식을 들은 프람은 군대에 지원해 직접 투쟁에 참여했고, 1947년에서 1949년까지 네덜란드에 의해 투옥되었다. 이 시기의 경험이 그의 초기 작품 세계의 근간을 이룬다. 초기의 대표작 가운데 『도망자』가 일본 군대에서 탈영한 이들을 통해 일본 점령기의 폭력성을 그렸다면, 또 다른 대표작인 『게릴라 가족』은 독립 직전 네덜란드에 의해 처형된 투사의 이야기를 그리고 있다.

사실 인도네시아 혁명기에는 각 지역에서 급진적 사회 개혁을 요구하는 운동이 있었고, 이런 움직임은 '사회혁명'이라고 불렸다. 이들 운동이 목표로 한 것은 식민 지배의 구조적 개혁, 즉 식민 정권에 협조했던 엘리트들을 일소하고 새로운 사회·경제체제를 도입하는 것이었다. 그러나 다시 돌아온 네덜란드와 전투를 치르는 와중에 이런 개혁적 움직임은 사그라졌고, 기득권층은 여전히 권력을 장악하고 있었다. 그리고 점령자에 대한 정치적·군사적 투쟁이 지상 목표가 되면서 군부가 독립국가의 수호자로 부각되었다. 인도네시아가 완전한 독립을 쟁취한 1949년 이후로도 정치·군사 지도자들이 '혁명'을 국가의 목표로 강조했지만, 여기서 혁명은 사회 개혁의 내용이 사라진 정치적 수사, 즉 외세에 대한 투쟁만을 의미하는 경우가 많았다.

프람이 이 책에서 인도네시아의 미래로 규정하는 혁명은 '사회주의혁명'에 좀 더 가깝다. 그는 자신들의 투쟁을 통해 인민이 주도하는, 평등에 기반을 둔 사회를 만들어 낼 수 있으리라고 기대했다. 자연스럽게 그의 작품들은 노동자계급을 비롯한 인민의 삶을 배경으로 하게 되었는데, 가령 『게릴라 가족』의 주인공도 그가 만났던 와합Wahab이라는 삼륜 택시 운전사 출신의 군인을 모델로 했다. 군대에 있을 당시 프람은 귀족 출신 장교들이 하층계급 출신 군인들을 (무엇보다 네덜란드어를 하지 못한다는 이유로) 무시하는 것을 보고 충격을 받았다. 뛰어난 군인인 와합은 부당하게 지위를 박탈당했고, 이후 프람은 그가 네덜란드군을 공격하던 중에 붙잡혀 처형되었다는 소식을 감옥에서 듣게 되었다(Pramoedya 1983). 이런 경험이 인민에 대한 관심과 사회혁명이라는, 프람의 문학적 주제의 바탕이 되었다.

그러나 사회 개혁에 대한 그의 열망, 그리고 이를 문학을 통해 고취하려는 노력은 이른바 '순수문학'을 지향하는 작가들에게 비난을 받았다. 1950년 인도네시아 문학계에는 일군의 뛰어난 젊은 작가들이 등장했는데, 이들은 대개 일본 점령기부터 창작 활동을 시작했고, 1948년부터 스스로 '45년 세대'Angkatan 45라고 지칭했다. 명칭에서 알 수 있듯이 이들은 혁명기의 변화와 급진적인 청년Pemuda 운동에 공감했고, 식민지 시기에 활동했던 이전 세대와 자신들을 차별화했다. 그러나 곧 45년 세대 내에 이견이 생겼는데, 이들 가운데 좀 더 급진적인 작가들이 레크라를 중심으로 활동하면서 사회주의적 리얼리즘, 즉 사회 현실을 드러내고 개혁을 고취하는 창작 활동을 강조한 반면, 이른바 글랑강 그룹*이라고 불린 다수의 작가들은 '보편적 인본주의'universal humanism라는 명목으로 문학의 순수성과 작가의 자율성을 강조했다(Heinschke 1996, 147-149).

1950년대 초에 글랑강 그룹과 가까웠던 프람은 점차 이들에게서 멀어져 갔고, 자연스럽게 레크라 작가들과 교류하기 시작했다. 그는 수카르노가 제시한 혁명 노선과 교도 민주주의 정책을 강력히 지지했다. 수카르노의 정치 노선이 그가 궁극적인 목표로 생각하는 사회 개혁을 실현하는 현실적인 길이라 생각했기 때문이다.

혁명에 대한 프람의 인식이 잘 드러나는 사건이 이 책에 언급된 중국계 인도네시아 인에 대한 박해, 특히 중국계 소상인들에게 가해진 박해를 둘러싸고 프람과 글랑강 그룹이 벌인 논쟁이었다. 글랑강 그룹은 중국인들이 인도네시아 혁명을 완성하는 데 위협이 되는 존재이며, 그들의 경제적 이익이 '인도네시아 인'에게 해롭다고 주장했다. 사실 이것은 군부와 보수적 엘리트들의 입장을 반영했다. 이에 대해 프람은 혁명의 핵심은 배타적으로 종족을 구분해

● **글랑강**Gelanggang **그룹**＿＿ 글랑강은 원형경기장을 뜻하는 인도네시아어로, 당시『시아삿』(*Siasat*)이라는 신문 문화면의 이름이었다. 글랑강 그룹은 이 지면을 중심으로 활동하던 작가들을 일컫는다.

차별하는 것이 아니라, 불평등한 사회체제를 개혁하는 데 달려 있다고 주장하면서, 자본가의 피부색을 문제 삼는 대신 경제체제를 전면적으로 변혁해야 한다고 역설했다(Abel 1997, 25). 『인도네시아의 화교』라는 작품을 통해 중국인 탄압에 반대했던 프람은 '반혁명 행위' 명목으로 군부에 의해 투옥되기까지 했다. 1962년 출옥한 이후 프람은 레크라 활동을 강화하며 사회 개혁과 이를 위한 문학의 역할을 강조했고, 레크라는 점차 수카르노 문화 정책의 핵심 기구로 자리 잡았다. 1장에 언급된 '문화 선언'도 이런 맥락에서 등장한 것이다(72쪽 각주 참조).

역사와 민족주의 : '부루 4부작'의 세계

사회혁명을 지지하고 종족적 민족주의에는 반대한 프람의 입장은 일견 민족주의와는 거리가 멀어 보인다. 그러나 사실 프람은 인도네시아 민족주의를 고양하는 데 관심이 많았고, 새로운 민족 정체성을 건설하는 것을 문학의 중요한 임무로 여겼다. 그래서 그는 역사, 특히 '인도네시아'라는 개념이 생겨나던 19세기 말과 20세기 초 민족주의 태동기에 주목했다. 크리스 고길트의 서문에 언급된 것처럼, 1950년대 말과 1960년대 초 프람의 작품은 그 시기를 복원하려는 노력이었다. 그런 노력의 정점을 보여 준 것이 '부루 4부작'이다.

'부루 4부작'은 총 네 권으로 이루어진 연작소설로, 1권 『인간의 대지』, 2권 『모든 민족의 자녀』, 3권 『발자취』, 4권 『유리로 만든 집』으로 구성되어 있으며, 프람이 1969년 이후 유배되어 있던 부루 섬의 수용소에서 집필했기 때문에 '부루 4부작'이라는 이름이 붙었다. 이 작품은 '밍케'라는 자바 하층 귀족 출신의 지식인이 식민주의의 모순을 깨닫고 민족주의 운동가로 성장해 가는 이야기를 중심축으로, 역사적 인물과 가상 인물, 사실과 허구가 절묘하게 혼합되어 현실감과 극적 긴장감을 높인다. 소설의 정치적·사회적 함의와 별도로, 밍케의 사랑 이야기가 '부루 4부작'의 한 축을 이루는데 밍케와 아름다운 세 여인의 황홀한 (그러나 모두 비극적으로 끝나는) 사랑 이야기는 프람의 소설이 지닌 낭만주의적 성격을 잘 보여 준다.

그러나 이 연작의 핵심은 무엇보다 인도네시아 민족주의의 기원과 성격이라고 할 수 있다. 우선 프람은 소설에서 초기 인도네시아 민족주의가 중국을 비롯한 해외 민족주의 운동과 사상의 영향을 받아 발전했음을 보여 준다. 이는 프람이 지지하는 인도네시아 민족주의가 단순히 영토적·종족적 소속성을 강조하는 배타적 민족주의와 거리가 멀다는 것을 암시한다. 프람은 중국계 인도네시아인들에 대한 탄압에 반대하면서 그들은 인도네시아 민족주의에 위협이 되는 존재가 아니라 민족주의 형성에 지대한 기여를 한, 인도네시아 민족의 일부임을 강조했다(Abel 1997, 25). 사레캇 이슬람처럼 중국계 상인들의 독점에 저항하기 위해 결성된 단체가 민족주의 운동으로 발전하는 경우도 있었지만, 사실 인도네시아 민족주의 운동은 중국 민족주의 운동, 특히 중국계 인도네시아 인들의 민족주의 운동에서 많은 영향을 받았다. '부루 4부작'의 2권 『모든 민족의 자녀』에서 밍케가 만나는 커우아서$^{Khouw\ Ah\ Seo}$, 밍케가 두 번째로 결혼한 여인인 앙산메이$^{Ang\ San\ Mei}$ 등은 중국에서 탄압을 피해 인도네시아로 망명한 민족주의 운동가들로, 이들의 활동과 사상은 밍케가 민족주의 의식을 발전시키는 한 계기가 되었다.•

고길트의 서문에 언급되었듯이, 민족주의 역사에서 프람이 가장 부각시키는 것은 신문, 그리고 읽기 문화이다. 『작가의 망명』에서 프람은 인도네시아 민족주의 선구자로 (밍케의 모델이 된) 티르토와 마르코 등을 거론하는데, 이들은 모두 1910~20년대에 언론, 특히 네덜란드어가 아닌 말레이어(인도네시아어)로 된 신문과 잡지를 간행해 민족주의를 각성시키려고 했던 인물들이다. '부루 4부작'에서 밍케는 매일같이 신문과 잡지를 읽고 그 내용을 기록하며 다음과 같이 말한다.

> [이 글들을] 읽는 것은 나 자신에 대해서 가르쳐줄 뿐 아니라, 내가 처한 상황 속에서, 세계 속에서, 그리고 도도한 시간의 흐름 속에서 내가 어떤 위

• 프람은 종족적으로 다양하게 구성된 인물들을 소설 속에 배치하곤 하는데, 이는 인도네시아 민족주의의 탈종족적 성격을 보여 줄 뿐 아니라, 서구와 일본의 식민 지배를 거친 인도네시아의 현실을 보여 주는 장치다. 일례로 『게릴라 가족』에서 주인공의 형제들은 같은 인도네시아 인 어머니에게서 태어났지만 아버지가 다르며(네덜란드 인, 일본인), 이들의 경험은 인도네시아의 고난과 그것을 극복하는 과정을 보여 준다.

치에 처해 있는가를 깨닫게 해준다(Pramoedya 1990, 47).

민족주의적 각성이 다른 민족의 존재와 다른 세계를 깨닫는 것에서 비롯된다는 것을 보여 주는 부분이다(Cheah 2003, 250). '부루 4부작'에서 밍케는 읽기를 통해서 (때로는 주변 사람들로부터) 일본의 발전과 중국의 민족주의 운동, 호세 리잘*을 비롯한 필리핀의 민족주의 운동에 대해서 배우고, 끊임없이 자신과 자신의 민족을 그들과 비교한다. 『작가의 망명』에서, 프람이 인도네시아에서 읽기 문화가 사라진 것에 대해 개탄하고, "인도네시아에서는 세계에 대해 거의 알지 못"한다며 자조하는 것은 이런 맥락에서다.

평체Pheng Cheah는 인도네시아어 신문(을 중심으로 한 지적 문화)이 베네딕트 앤더슨의 주장**처럼 민족의식을 형성하고 인도네시아인을 하나로 묶는 역할을 했을 뿐 아니라, 식민 정부에 대항하는 하

---

* 호세 리잘Jose Rizal, 1861~96___ 스페인 식민지 시기 필리핀의 지식인, 작가이자 오늘날 영웅으로 추앙받는 민족주의 운동가다. 1880년대 유럽 등지에서 유학했고 스페인에서는 필리핀 학생들의 개혁 운동을 주도하며 『연대』(La Solidaridad)라는 스페인어 신문에 필리핀 인의 인권과 자유를 주장하는 글을 기고했다. 1887년 출간된 『나에게 손대지 말라』(Noli Me Tangere)와 1891년 출간된 『체제 전복』(El Filibusterismo)은 필리핀 민족주의를 고양시킨 대표적인 작품들이다. 필리핀으로 돌아온 후 1892년 필리핀 인 동맹(La Liga Filipina)을 결성하는 등 민족주의 운동을 주도했다. 1896년 발생한 카티푸난 혁명(Katipunan Revolution)에 연루된 혐의로 스페인 식민 정부에 의해 처형되었다.
** 앤더슨은 민족주의의 기원과 전파에 인쇄 자본주의(print capitalism)가 가장 중요한 역할을 했다고 주장한다(Anderson 1991).

나의 공적 영역을 형성했다면서, 활자 문화가 '근대 이성'의 긍정적 측면을 보여 준다고 주장했다. 그는 이른바 서발턴 학자들의 민족주의 비판을 반박하면서, 그들은 식민지 지식인들이 서구 계몽주의 '사상'을 맹목적으로 받아들이는 데 주목한 나머지 그 이성의 결과물로 인한 (예컨대 신문의 발달과 그 영향으로 생겨난) 물질적 변혁을 간과한다고 비판했다(Cheah 2003, 266-267).* 이 책 3장에서 서구 합리주의를 비판하는 질문자에게, 프람이 "아니죠. 당신은 부정적 결과 하나만 이야기하는 겁니다. 합리주의와 논리에는 긍정적 요소들이 많습니다."라고 대답하는 것은 이런 맥락에서 이해할 수 있을 것이다. 프람에게는 합리주의의 긍정적 산물이자, 진정한 민족주의 발전을 가능하게 한 것이 바로 신문이었다.

신질서와 변증법적 역사관

'부루 4부작'은 인도네시아 민족주의의 기원을 다룬 이야기인 한편, 소설이 쓰인 수하르토 시대에 대한 풍자와 비유를 포함한다. 두 요소는 프람의 변증법적 역사관 속에서 하나로 연결된다. 프람은 인도네시아 민족주의가 식민 지배라는 안티테제와의 결합 속에서 등장할 수 있었다고 주장한다. 『작가의 망명』에서 프람은 식민 지배

---

* 여기서 평체는 프람이 '부루 4부작'을 통해서 보여 준 개방적·개혁적 민족주의를 대안적·긍정적 민족주의로 제시하고 있다.

가 없었으면 인도네시아의 발전이 더 쉽지 않았겠냐는 질문에 이
렇게 대답하고 있다.

> 오늘날 과거 전투에 대한 기록은 거의 남아 있지 않습니다. 기록이라는 개
> 념도 식민 세력과 함께 들어왔죠. 네덜란드 식민주의자들이 인도네시아 지
> 역 내에서 발생하는 부족 간 분쟁을 중단시킨 덕분에, 특히 자바에서 인구
> 가 증가했습니다. 법과 경찰 제도도 도입되었죠. 다시 말하지만, 나는 그것
> 을 변증법적으로 보려고 애쓰고 있어요. 과거에 부정적이었던 것은 긍정적
> 인 결과와 상쇄되어야 합니다. 반대의 경우도 마찬가지이고요(112-113쪽).

이런 긍정적 요소에도 불구하고 프람이 '부루 4부작'에서 보여
준 것은 식민주의와 근대성, 그리고 자본주의의 잔혹한 내면이다.
귀족 신분과 서구 교육이라는 사회적 틀에서 벗어나지 못하던 밍
케는, 설탕 농장을 운영하는 대자본에 의해 토지를 빼앗긴 자바 농
민들의 비참한 생활상을 목격하고서 비로소 '내 동포'^{my people}의 아
픔을 깨닫게 되었다. 밍케는 농민들의 실상을 알리는 글을 써서 그
가 늘 기고하던 네덜란드어 신문에 싣고자 가져갔지만, 대자본과
결탁한 신문사는 냉담하게도 그의 글을 게재하기를 거절했다. 밍
케에게 중요한 영향을 끼친 네덜란드 인 급진주의자 테르 하르^{Ter Haar}는 그에게 이렇게 경고한다.

우리가 근대라고 부르는 시기는, 사실상 자본주의가 승리한 시대죠. 살아 있는 자는 누구나 대자본의 명령을 따를 수밖에 없고, 당신이 받은 교육조차 당신의 필요가 아니라 자본의 필요에 의해 조정된 겁니다. 신문도 마찬가지예요. 도덕률・법・진실・지식까지 모든 게 다 자본에 의해 조정되는 겁니다(Pramoedya 1990, 259).

여기에서 '부루 4부작'은 신질서 시기에 대한 비판으로 이해될 수 있다. 수하르토 정권은 경제개발을 지상 목표로 내세웠고, 이를 다국적 대자본과 결탁해 이루려고 했다. 그 과정에서 희생되는 것은 인민이었다. 소설에서 20세기 초 자바 농민들이 겪은 고통은, 신질서 시기 다국적기업의 수탈에 따른 인도네시아 인의 고통을 투영한 것이다.

'부루 4부작'이 신질서에 대한 풍자로 이해될 수 있는 또 다른 근거는 프람과 밍케의 경험이 유사하다는 점이다. 소설에서 밍케는 말레이어 신문을 창간해 민족주의를 알리는 한편 자본주의와 식민주의를 비판해 왔고, 결국 식민 정부에 의해 유배되었다. 이는 밍케의 모델이 되었던 티르토의 유배뿐 아니라, 프람이 겪은 탄압, 특히 부루 섬으로의 유배를 연상시킨다. 또한 소설에는 식민 정부가 반중국인 감정을 조장해서 폭동을 유발하는 장면이 있는데, 이 또한 신질서 시기 중국인들에 대해 차별과 종족 갈등을 조장했던 기억을 떠올리게 한다(Cheah 2003, 254-255, n.12).

그러나 이 연작이 신질서에 대한 비판으로 읽힐 수 있는 결정적인 지점은 자바주의에 대한 비판이다. 이 책의 3장에서 프람은 자바주의(혹은 자바 파시즘)를 "윗사람에게 맹목적으로 충성하고 복종하면서, 나머지 사람들을 존중하지 않는 것"이라고 정의하면서, 이 때문에 외세가 수 세기 동안 자바를 지배할 수 있었다고 진단한다. 자바주의에 대한 이런 비판은 '부루 4부작'에도 잘 나타난다. 4권 『유리로 만든 집』에서 한 네덜란드 관료는 자바인들을 이렇게 묘사하고 있다.

> 그들은 사회적 갈등을 피하기 위해 차이를 무시하며 항상 유사성·동일성·조화를 추구합니다. 그들은 이런 가치에 저항 없이 복종하죠. 그러다 보면 시간이 흐를수록 그들은 타협을 거듭하게 되고, 결국 원칙을 잃고 마는 겁니다. 자바인들은 원칙의 문제를 두고 싸우기보다는 조정하려 들어요(Pramoedya 1992b, 69-70).

자바주의에 대한 이런 비판에는 논란의 여지도 있지만, 프람의 주장은 몇 가지 점에서 설득력을 지니고 있다. 우선 이런 자바주의 비판은 상당 부분 자바인으로서 그가 개인적으로 경험한 데서 비롯된 것이다. 프람은 '부루 4부작'에서 가부장적 위계질서와 귀족들의 지배에 기반을 둔 자바의 전통 사회질서를 비판하는데, 이는 특히 1권 『인간의 대지』에서 주인공 밍케와 자바 귀족인 아버지 사이의 가치관 갈등을 통해 잘 드러난다. 사실 이런 위계적 사회관계는 자바에서만 보이는 문제가 아닐 수도 있다. 그러나 자바주의를 프람이 비난하는 이유는, 우선 자바와 자바 엘리트들이 식민지 체제 운영의 축이었을 뿐 아니라,* 그들이 식민지 이후에도 권력을 장악하면서 자바주의가 신질서 체제의 바탕이 되었기 때문이다.** '부루 4부작'에서 프람은 식민 정부의 관리로 활동하면서 나중에 밍케의 체포를 담당하는 인도네시아 인 비밀경찰 팡으마난Pangemanann이라는 인물을 통해서 인도네시아 기득권층이 어떻게 식민 정부에 자발적으로 충성했는지를 보여 주고 있으며, 그의 모습은 자연적으로 신질서 시기의 엘리트들을 연상시킨다.***

이렇듯 '부루 4부작'은 민족주의의 기원에 대한 이야기이자, 신질서에 대한 비판이기도 하다. 프람은 이 연작을 통해서 민족주의적 각성(정)과 식민주의(반)가 결합해 새로운 민족주의를 만들어 가는 과정을 보여 주는 동시에, 수카르노 시기(정)와 신질서(반)의 충돌을 보여 준다. 1998년 수하르토 정권이 몰락했을 때 프람은 새로운 (변증법적) 종합, 즉 자신과 수카르노가 꿈꾸던 인도네시아를 이

---

* 프람의 자바주의 비판은 자바의 전통 질서에 대한 비판일 뿐 아니라, 자바를 중심으로 발전한 식민 체제에 대한 비판이기도 하다. 자바의 식민 지배에 대한 자세한 설명은 62쪽 각주를 참조.
** 앤더슨은 식민지 시기부터 신질서 시기에 이르기까지 인도네시아 사회의 기득권층의 구성이 놀라울 정도로 변하지 않았음을 지적하고 있다(Anderson 1983, 477-496).
*** 쳬는 프람이 창조해 낸 인물 팡으마난이 식민 체제 내부에서 인도네시아 인이 수행한 역할을 형상화함은 물론, 신질서 국가의 가치와 이익을 대표한다고 지적한다(Cheah 2003, 254).

를 수 있으리라고 기대했을 것이다. 그러나 『작가의 망명』에서 그가 토로했듯이, 그 기대는 이루어지지 않았다.

수하르토 이후의 인도네시아

프람은 수하르토가 몰락한 뒤 수카르노가 재조명되고, 그의 딸인 메가와티 수카르노푸트리가 정치인으로 등장해 승승장구하는 것을 보면서 "수카르노의 화려한 정치적 복귀"라며 환호했다(Pramoedya 1999/08/23). 그러나 같은 글에서 프람은 미래에 대해 신중히 전망하면서 이렇게 말했다.

> 현재 인도네시아의 종족 갈등과 분리주의 문제, 경제 위기와 정치적 불안정을 해결하기 위해서는 무엇보다 군부가 본연의 위치를 지키는 것이 중요하다. 이제 인도네시아는 정치군인을 필요로 하지 않는다. 우리에게 필요한 것은 한 젊고 카리스마 있는 지도자[수카르노]가 그랬던 것처럼, 인민을 통합할 수 있는 사람이다(Pramoedya 1999/08/23).

프람이 특히 군부를 지목한 것은, 현재 이들이 인도네시아에서 가장 큰 기득권을 가진 집단이자, 사회 개혁에 장애물이 되는 존재라고 생각했기 때문이다. 독립 이후 인도네시아 지도자들은 대개 네덜란드군 혹은 일본군 출신으로, 혁명기와 1950년대 지역 반란 진압 등의 전투를 통해서 민족 수호자의 이미지를 구축해 왔다. 대표적인 인물이 바로 수하르토였다. 더구나 교도 민주주의와 신질서 시기를 거치면서 군부는 단순히 군사력을 지닌 집단이 아닌, 가장 강력한 정치 세력으로 성장했다.

불행히도 프람의 우려는 현실이 되었고, 군부는 여전히 인도네시아에서 가장 강력한 영향력을 행사하고 있다. 수하르토가 하야한 뒤 부통령이었던 하비비가 잠시 대통령직을 승계했고, 이후 압두라만 와힛(1999), 메가와티 수카르노푸르티(2001), 수실로 밤방 유도요노(2004)가 대통령직을 승계했다. 그러나 수카르노의 딸을 비롯해서 그 어떤 대통령도 프람이 기대했던 군부의 중립화와 사회·경제적 개혁을 이루어 내지 못했다.

이들 중 유일한 예외가 와힛이었는데, 그는 과거 인도네시아 정부에 의해 자행되었던 폭력 사태를 사과하고 화해를 도모했다. 그는 2000년에 아체 독립을 주장하는 '자유아체운동'Gerakan Aceh Merdeka, GAM과 평화협정을 체결하려고 했을 뿐 아니라, 1966년 공식적으로 금지된 마르크스주의를 해금하려고 했다. 무엇보다 와힛은 군부의 정치력을 약화시키는 개혁을 시도하기도 했다. 이런 개혁적 시도는 군부는 물론 그들과 밀착된 정치 엘리트의 강력한 반발을 불렀다. 결국 2001년 그에 대한 탄핵안이 통과되었고, 와힛은 이에 반발했지만, 반대파 정치인들의 공작과 군부의 무력시위를 견디지 못하고 2001년 대통령직을 사임했다.

아마 프람에게는 이른바 '개혁' 운동이 한계를 보였다는 점이 가장 실망스러웠을 것이다. 개혁 운동은 1998년 수하르토 정권을 몰락시킨 정치·사회 운동을 통칭하는 것으로, 이후의 사회 개혁에 대한 희망을 불러일으켰다. 그러나 이 책의 서론에서 나게시 라오가 지적했듯이, 시위를 주도한 학생이나 시민은 분노를 표출하는 것 말고는 운동의 방향을 제시하지 못했고, 이 상황에서 가장 대중적으로 부각된, 메가와티와 와힛을 비롯한 정치인들은 급진적 변화보다는 온건한 방법으로 다음 선거에서 이기는 방법을 선택했다. 이런 상황이 계속되면서, 앞서 지적했던 엘리트층의 시대적 연속성은 신질서 이후에도 계속되었다. 막대한 재산을 착복한 것으로 알려진 수하르토와 그 가족은 여전히 법정에 서지 않았고, 수하르토가 입원했을 당시 병실을 방문한 유도요노 대통령은 전 국민에게 수하르토를 위해 기도해 줄 것을 부탁하기도 했다.

    이런 상황에서 프람이 이 개혁 운동을 "신질서를 개량하려는 시도일 뿐"이라고 폄하하는 것은 당연하다. 프람의 입장에서 볼 때 모든 정치·경제적 기득권을 장악한 군부의 개혁, 그리고 이들과 결탁된 다국적 자본에 대한 개혁 — 즉 사회혁명 — 이 빠진 '개혁'은 무의미하기 때문이다. 결국 그가 기대한 새로운 '종합'은 이루어지지 않았다. 이런 상황이 그의 속을 타들어 가게 했고, 그를 '내적 망명' 상태로 몰아넣었을 것이다.

문학과 현실

그러나 이 책, 그리고 그의 작품이 우리에게 전해 주는 것은 단지 그의 실망이나 분노만이 아니라, 작가로서의 삶과 실천, 그리고 문학과 현실의 관계가 아닐까 생각한다. 앞서 설명한 것처럼 독립 이후 인도네시아 문학계는 두 조류로 나뉘어 대립하고 있었고, 프람과 이른바 순수문학 작가들의 갈등은 신질서 시기는 물론 그 이후까지 계속되었다.* 이에 대해 프람은 자신을 공산주의자라고 비난한 작가들은 대개 혁명에 참여한 적이 없으며, 자신은 레크라 활동과 스스로의 정치 노선에 대해 결코 후회한 적이 없다고 밝혔다(Pramoedya 1996, 8). 프람은 대부분 유복한 환경에서 자라서 고등교육을 받은 작가들이 '문학의 순수성'과 미학을 내세우며 현실을 외면하는 것을 용납할 수 없었다. 그는 그들이 주장하는 보편적 인본주의란, (기득권층이) 대중을 동정할지언정 기득권을 나누기는 거부하는 것이고, "문학을 정치에 종속시킨다"는 비판은 정치는 저급하고 문학은 고상한 것이라는 이분법을 통해 대중을 통제하려는 것이기에, 결국 진정한 인본주의에 위배된다고 비판했다(Abel 1997,

---

* '문화 선언'에 참여한 작가의 다수는 수하르토가 집권한 뒤에도 문학계에서 활발히 활동했고, 일부는 1995년 프람이 막사이사이상을 수상했을 때 인도네시아 문인들의 반대 성명에 동참하기도 했다. 이들은 1960년대 초 프람이 사회주의적 리얼리즘을 주창하면서 문학을 정치에 종속시키고 동료 작가들에 대한 마녀사냥을 전개했다고 비판했다.

24). 『모든 민족의 자녀』에서 테르 하르는 신문 기고로 이미 이름이 알려진 밍케를 정중하게 (그러나 신랄하게) 비판하는데, 이는 대중의 현실과 동떨어진 글을 쓰는 작가들에 대한 비판이라고 생각할 수 있다.

> 당신이 쓰는 글을 [네덜란드 인 신문사가] 출판하는 건, 독자들을 즐겁게 만들어, 이곳[인도 제국蘭印]에 아무 일도 없다고 생각하게 만들기 위해서입니다(Pramoedya 1990, 253).

프람에게 작가의 개인적 경험이란 곧 그의 사회 구성원들의 경험이기에 창작 과정은 사회의 일부분이며, 사회 현실과 대중의 삶에 눈감는 것은 작가의 직무유기라는 입장이 확고했다(Pramoedya 1996, 8). 그는 작가의 문학적 직무는 사진을 찍는 게 아니라 "상류의 현실upstream reality을 문학적 현실literary reality로 전환해, 독자들을 이미 확립된 사회질서 너머로 이끄는 것"이라고 주장했다(Pramoedya 1996, 12). 프람이 말하는 문학적 현실은 현실과 동떨어진 도피적 허구가 아니며, 역사에 기록된 역사적 현실historical reality과도 차별화된 것이다. 그것은 그가 (동료 사회 구성원들과 함께) 경험한 것을 그들에게 새로운 형태로 돌려주는 것이다. 고길트가 서문에서 프람이 "'인도네시아'를 경험했다는 공감대를 형성할 수 있는 상황을 설정해, 독자들을 끊임없이 이어지는 대화에 참여시킨다."라고 한 것이 바로 이런 문학적 현실을 의미한다고 볼 수 있다. 프람은 독자들을, 『게릴라 가족』이나 『도망자』에서는 자신과 독자들이 공유하는 경험 속으로 초대하고, '부루 4부작'에서는 그들의 선구자가 경험한, 인도네시아가 만들어지는 과정 속으로 인도한다. 프람의 변증법적 인식 속에서 이 과정은 식민 지배라는 '반'에 맞선 '정'이 어떤 것인지는 물론, 그것을 통해 어떻게 '합'이 나오게 되었는지를 보여준다. 밍케(티르토)는 자신의 노력이 결실을 맺은 것을 보지 못했지만, 결국 인도네시아는 그의 염원대로 독립을 쟁취했다.

그러므로 이 책에서 느껴지는 그의 분노나 실망을 그대로 받아들일 필요는 없다. 프람은 수카르노 시대와 신질서 이후의 새로운 시대를 보지 못했지만, 언젠가 그의 기대가 이루어질 수도 있을 것이다. 물론 그러기 위해서는 프람의 주장처럼 새로운 세대가 그의 절망을 딛고 일어서서 싸울 필요가 있다. 프람의 말처럼 인도네시아 역사의 흐름을 바꿔 온 것은 언제나 청년들이었고, 그들의 노력은 적어도 영원히 불가능할 것 같았던 수하르토 정권의 몰락을 가져온 촉매제였다. 타리크 알리Tariq Ali는 프람의 죽음을 이렇게 애도했다.

> 그는 인도네시아의 대표적인 좌파 지식인이자 뛰어난 소설가였고, 아직 오지 않은 어떤 시대를 실현하려고 노력했다(Ali 2006/05/02).

아직 오지 않은 시대에 대한 희망과 노력이, 프람이 이 책을 통해서, 그리고 삶과 문학을 통해서 우리에게 주는 메시지가 아닐까?

그 시대가 오는 날, 프람의 문학적 현실이 실현되는 것을 볼 수 있을 것이다.

프람의 세계적 명성과 그의 작품의 영향력을 생각할 때, 프람이 한국의 독자에게 온전히 소개되지 않은 것은 매우 안타까운 일이다. 프람의 작품, 특히 '부루 4부작'은 전 세계적으로 비평가들의 인정을 받았으며, 프람 자신도 이 책에 언급된 아체베·소잉카·마푸즈 등과 더불어 제3세계 탈식민지 문학의 대표적 작가로 주목받아 왔다. 미국 학계에서 그의 작품은 민족주의 연구, 비교문학, 동남아의 역사·문화 연구 등에서 주요 교재로 읽히거나 활용되고 있다. 그의 작품이 서구 학계에서 인정받고 찬사를 받는 것은 뛰어난 문학적 성과 때문이기도 하지만, 그가 이 책에서 보여 주었듯이 서구 사회와 문화, 자본 등에 대한 비판 의식을 작품 속에 녹여 냈기 때문이다. 또한 소잉카 등 몇몇 노벨상 수상 작가들을 제외하면, 이른바 제3세계 대표 작가들은 뛰어난 문학적 성과를 보였음에도 한국에 제대로 소개되지 않는 경우가 많다. 그런 점에서도 이 책은 의미를 지니고 있다.

한국에서는 『게릴라 가족』이 『조국이여 조국이여』로, '부루 4부작' 1권 『인간의 대지』가 『밍케』로 번역 출간된 바 있다. 그러나 현재 이 책들도 시중에서 구하기 어려운 상황이며, '부루 4부작' 2권 이후는 한글 번역판이 나오지 않고 있다. 그의 작품들, 특히 '부루 4부작'의 소개가 절실하다. 프람의 소설 작품이 '본문'이라고 할 때,『작가의 망명』은 '서문'에 해당된다고 할 수 있다. 부디 이 서문이 좀 더 흥미진진한 본문의 출간으로 이어지길 기대한다.

연보

1925년	동부 자바 블로라 출생.
1941년	라디오 직업학교 졸업.
1947~49년	반식민주 활동을 했다는 이유로 네덜란드 정부에 의해 투옥.
1958년	레크라 위원회 가입.
1960년	중국계에 대한 박해에 반대했다는 이유로 수카르노 정부에 의해 투옥.
1962~65년	『렌트라』에서 편집자로 활동.
1965~79년	쿠데타 이후 정부에 의해 재판 없이 투옥되었고, 이후 부루 섬 수용소로 옮겨짐.
1979년	부루 섬에서 풀려났으나 가택 연금 상태에 처함. 매달 가석방 담당관에게 보고.
1988년	국제펜클럽이 수여하는 자유를 위한 작가상Freedom-to-Write 수상.
1992년	당국에 보고하기를 중단.
1995년	막사이사이상 수상.
2004년	노르웨이 작가협회상 수상.
2006년	당뇨와 심장 질환 합병증으로 사망(4월 30일).

주요 저작●

1947년	『크란지-브카시 함락』 *Krandji-Bekasi Djatuh*
1950년	『새벽』 *Subuh : Tjerita-tjerita pendek revolusi* (DjakartJajasan Pembangunan)
	『도망자』 *Perburuan* [*The Fugitive*, translated by Willem Samuels(New York: W. Morrow, 1990)]
	『게릴라 가족』 *Keluarga Gerilya* [『조국이여 조국이여』, 정영림 옮김(벽호, 1986)]
1951년	『야시장이 아니다』 *Bukan Pasar Malam* [*It's Not an All Night Fair*, translated by C. W. Watson(Jakarta: Equinox, 2001)]
	『찰롱 아랑』 *Calon Arang* [*The King, The Witch and the Priest*, translated by Willem Samuels(Jakarta: Equinox, 2002)]
1952년	『블로라 이야기』 *Cerita Dari Blora* [*All that is Gone*, translated by Willem Samuels(New York: Hyperion East, 2004)]
1963년	『자카르타 이야기』 *Cerita Dari Jakarta* [*Tales from Djakarta : Caricatures of Circumstances and Their Human Beings*, translated by The Nusantara Translation Group(Ithaca, N. Y.: Southeast Asia Program Publications, 1999)]
1980년	('부루 4부작' 1권) 『인간의 대지』 *Bumi Manusia* [*This Earth of Mankind*, translated by Max Lane(New York: Penguin Books, 1990); 『밍케』 1·2, 정성호 옮김(오늘, 1997)]
	('부루 4부작' 2권) 『모든 민족의 자녀』 *Anak Semua Bangsa* [*Child of All Nations*, translated by Max Lane(New York: Penguin Books, 1990)]
1985년	('부루 4부작' 3권) 『발자취』 *Jejak Langkah* [*Footsteps*, translated by Max Lane(New York: Penguin Books, 1990)]

● 인도네시아어판은 확인된 초판에 한해 서지 사항을 적었고, 영문판이나 한국어판이 있는 경우 대괄호 안에 서지 사항을 병기했다.

1988년	('부루 4부작' 4권) 『유리로 만든 집』^{Rumah Kaca} [*House of Glass*, translated by Max Lane(New York: Penguin Books, 1992)]
1995년	『역류』^{Arus Balik} (Jakarta: Hasta Mitra)
1995년	『벙어리의 독백』 1부^{Nyanyi Sunyi Seorang Bisu I} (Jakarta: Lentera) [*The Mute's Soliloquy: A Memoir*, translated by Willem Samuels(New York: Penguin, 1999)]
1997년	『벙어리의 독백』 2부^{Nyanyi Sunyi Seorang Bisu II} (Jakarta: Lentera)
1999년	『아록 데데스』^{Arok Dedes} (Jakarta: Hasta Mitra) [*Arok of Java*, translated by Max Lane(Singapore: Horizon Books, 2007)]
2002년	『해변에서 온 소녀』^{The Girl from the Coast} (translated by Willem Samuels, New York: Hyperion)

참고문헌

Abel, Ben. 1997. "Beholding a Landmark of Guilt : Pramoedya in the Early 1960s and the Current Regime." *Indonesia* 64(October 1997).
Ali, Tariq. 2006/05/02. "Indonesia's Greatest Writer : On the Death of Pramoedya Ananta Toer." *Counter Punch*.
Anderson, Benedict. 1983. "Old State, New Society : Indonesia's New Order in Comparative Historical Perspective." *The Journal of Asian Studies* 42-43(1983), pp. 477-496.
_____. 1990. *Language and Power : Exploring Political Cultures in Indonesia*. Ithaca, N. Y.: Cornell University Press.
_____. 1991. *Imagined Communities : Reflections on the Origin and Spread of Nationalism*, revised edition. London: Verso.
_____. 1998. *The Spectre of Comparisons: Nationalism, Southeast Asia and the World*. New York: Verso.
Arnove, Anthony. 1998. "Indonesia : Crisis and Revolt." *International Socialist Review* 5(Fall 1998).
Cheah, Pheng. 2003. "Haunting of the People : The Spectral Public Sphere in Pramoedya Ananta Toer's Buru Quarter." in *Spectral Nationality : Passages of Freedom from Kant to Postcolonial Literatures of Liberation*. New York: Columbia University Press.
Dahm, Bernard. 1969. *Sukarno and the Struggle for Indonesian Independence*. Ithaca, N. Y.: Cornell University Press.
GoGwilt, Chris. 2000. *The Fiction of Geopolitics*. Stanford University Press.
Greer, Thomas and Gavin Lewis. 2005. *A Brief History of the Western World*. Belmont: Wadsworth Publishing.
Heinschke, Martina. 1996. "Between Gelanggang and Lekra : Pramoedya's

Developing Literary Concepts." *Indonesia* 61(April 1996).

Kahin, George McTurnan. 1952. *Nationalism and Revolution in Indonesia*. Ithaca, N. Y.: Cornell University Press.

Mortimer, Rex. 1974. *Indonesian Communism under Sukarno : Ideology and Politics, 1959-1965*. Ithaca, N. Y.: Cornell University Press.

Narwati Joened Poesponegoro and Nurrogo Notususanto. 1982. *Sejarah Nasional Indonesa* VI. Jakarta: Departemen Pendidikan dan Kebukayaan.

O'Lincoln, Tom. 2003. "Indonesia : The Rhythm of Revolt." *International Socialist Review* 32(November-December 2003). www.isreview.org/issues/32/indonesia1.shtml

Panikkar, K. M. 1959. *Asia and Western Dominance*. New Delhi: George Allen & Unwin.

Pilger, John. 2002. *The New Rulers of the World*. New York: Verso.

Pinto, Constancio and Matthew Jardine. 1997. *East Timor's Unfinished Struggle : Inside the Timorese Resistance*. Boston: South End Press.

Pramoedya Ananta Toer. 1950. *Subuh : Tjerita-tjerita pendek revolusi*. Djakart-Jajasan Pembangunan.

_____. 1983. "Perburuan 1950 and Keluarga Gerilya 1950." *Indonesia* 36(October 1983).

_____. 1990. *Child of All Nations*. translated by Max Lane. New York : Penguin Books.

_____. 1992a. "Blora." translated by Harold Merrill. *Indoensia* 53(April 1992).

_____. 1992b. *House of Glass*. translated by Max Lane. New York: Penguin Books.

_____. 1996. "My Apologies, in the Name of Experience." *Indonesia* 61(April 1996).

_____. 1999a. *Tales from Djakarta : Caricatures of Circumstances and Their Huaman Being*. translated by Southeast Asia Program Publications. Ithaca, N. Y.: Southeast Asia Program Publications.

_____. 1999b. *The Mute's Soliloquy : A Memoir*. translated by Willem Samuels. New York: Penguin.

_____. 1999/08/23. "Sukarno : He Gave Unity to Indonesia, Ditnity to the Downtroden, and Anxiety to the Powerful, Who Finally Brought Him Down." *Time*.

_____. 2001/05/10. "This is New, New Order." *Asian Human Rights Commission*.

_____. 2007. *Arok of Java : A Novel of Early Indonesia*. translated by Max Lane. Singapore: Horizon Books.

Ricklefs, M. C. 1993. *A History of Modern Indonesia Since c. 1300*, 2nd ed. Stanford University Press.

Samuels, Willem. 1999. "Introduction." to Pramoedya Ananta Toer. *The Mute's Soliloquy: A Memoir*. translated by Willem Samuels. New York: Penguin.

Taufiqurrahman, M. 2005/02/11. "Pramoedya now lives peaceful, venerable life." *Jakarta Post*.